ÉMILIE [illegible] BÉRÉNICE ROCFORT-GIOVANNI

Émilie Brouze est née en 1988, en Haute-Savoie, tout près des montagnes, qu'elle a arpentées pendant les randonnées dominicales. Diplômée du master de journalisme de Sciences Po Grenoble, elle a intégré en 2011 la rédaction de Rue89, puis *L'Obs*. Elle suit aujourd'hui les questions de société au sein du magazine.

Bérénice Rocfort-Giovanni est née en 1984 en rase campagne, à Enghien-les-Bains (Val-d'Oise). Journaliste à *L'Obs* depuis 2006, elle est titulaire d'un master de journalisme bilingue (Paris 3) et est diplômée du Centre de formation et de perfectionnement des journalistes (CFPJ) à Paris. Elle travaille au service « société » du journal, où elle couvre notamment le domaine de la santé.

Leur ouvrage, *L'Hiver en Himalaya : l'ultime défi*, a paru en 2020 chez Glénat.

L'HIVER EN HIMALAYA

ÉMILIE BROUZE
BÉRÉNICE ROCFORT-GIOVANNI

L'HIVER EN HIMALAYA

L'ultime défi

Glénat

ISBN : 978-2-266-31392-6
Dépôt légal : février 2021

Introduction

Nous ne sommes pas alpinistes. Journalistes, nous travaillons dans une ville qui culmine à 357,50 mètres (au sommet de la tour Eiffel). L'une a grandi en rase campagne, dans la région parisienne, l'autre, née près des montagnes, n'a jamais dépassé 3 200 mètres d'altitude (et a râlé toute son enfance lors des randonnées dominicales : pourquoi grimper ce que l'on doit de toute façon redescendre ?).

En janvier 2018, nous découvrons qu'un incroyable sauvetage est en cours, relaté presque minute par minute sur les réseaux sociaux. Une Française, inconnue du grand public, est en perdition dans l'Himalaya : Élisabeth Revol. Son compagnon de cordée, Tomasz Mackiewicz, se trouve en grande difficulté, à plus de 7 000 mètres d'altitude. Il ne survivra pas à l'expédition. Du remous médiatique émerge un autre nom, envoûtant : Nanga Parbat, ou la « montagne tueuse ».

Puis arrivent les premières images de l'alpiniste à son retour en France, dans sa chambre d'hôpital à

Sallanches, en Haute-Savoie. Le regard halluciné, elle a l'air d'une revenante. Et elle a cette affirmation qui nous ébahit : *« Je retournerai grimper des montagnes. »*

Élisabeth Revol est devenue la deuxième femme au monde à gravir en hiver l'un des quatorze sommets de plus de 8 000. Sans le drame, l'information de son ascension serait sans doute restée circonscrite à la presse spécialisée. Qui est cette sportive frêle qui vient, dans la douleur, d'accomplir un exploit ? Et surtout, qui sont ces fous risquant leur vie pour escalader un géant de pierre et de glace alors que la probabilité d'être sauvé en cas de pépin est proche de zéro ?

L'histoire d'Élisabeth Revol nous a absorbées. Pendant des mois, nous avons remué ciel et terre pour la rencontrer. Rarement nos rédacteurs en chef nous ont vues si déterminées pour décrocher une interview. L'alpiniste, farouche et encore traumatisée, n'a cessé de se dérober, avant d'accepter, alors que nous n'y croyions plus, de nous rencontrer dans un café à Paris, où elle avait un rendez-vous professionnel avec son sponsor. Juste après, elle reprendrait le train pour sa Drôme natale.

Cela valait le coup d'attendre. Pendant près de deux heures, la jeune femme nous a parlé avec ferveur de l'Himalaya, de l'hiver, de la catastrophe qui s'est jouée sur le Nanga Parbat, de la perte de son ami « Tomek », de la mort. Nous en sommes sorties sonnées, subjuguées, avec l'envie de tout connaître de cette facette si particulière de l'alpinisme, que seuls une poignée d'hommes et de femmes pratiquent. Élisabeth Revol nous a entraînées dans un monde presque confidentiel, que rien n'encadre, ni fédération ni compétition. Les succès, comme les échecs, ne s'y évaluent qu'entre pairs.

Difficile de faire plus extrême que de se hisser à la hauteur des avions de ligne, par un vent frappant à 150 km/h et des températures plongeant jusqu'à – 60 °C, là où l'oxygène devient si rare que l'organisme se détruit de l'intérieur. *« Dans l'himalayisme hivernal, on atteint les limites de la condition humaine*[1] *»*, décrit l'un des sauveteurs d'Élisabeth Revol, l'alpiniste russo-polonais Denis Urubko. Les hivernales sont un parfait révélateur d'une question vieille comme l'histoire de l'alpinisme : « Pourquoi grimpent-ils ? » Une énigme qui nous a passionnées tout au long de cette enquête.

9 h 30, à la machine à café, nos interrogations donnaient lieu à des conversations animées. Pourquoi l'hiver ? Est-ce pour satisfaire l'ego ? Par masochisme ? Que vont-ils exorciser là-haut ? Grimper en cette saison ne constitue-t-il qu'*« un artefact »*, comme le pense le psychiatre Xavier Fargeas, qui a abandonné l'himalayisme une fois devenu père ? Les quelques minutes passées au sommet, dont beaucoup disent qu'elles laissent bien peu de souvenirs, justifient-elles de prendre de tels risques ? Nous avons tenté de comprendre ce que les grimpeurs eux-mêmes ont bien du mal à justifier.

1. « Denis Urubko, à 8000 à l'heure », *Montagnes Magazine*, Grenoble, août 2019.

Nous avons sondé une histoire qui trouve officiellement ses racines dans un pays dépourvu de haut relief, la Pologne, mais qui a en fait commencé dès les débuts de l'alpinisme, quand les hommes se sont mis à tester leurs limites sur les montagnes. De Chamonix à Paris, en passant par Lausanne et Varsovie, nous avons rencontré des aventuriers du grand froid, formidables conteurs de leurs aventures, ainsi que leurs proches. Adam Bielecki, l'autre sauveteur d'Élisabeth Revol, nous a mises en garde contre la tentation d'essentialiser ces sportifs. *« "Les alpinistes", ça n'existe pas, pas plus que les journalistes formeraient une seule et même entité. »*

À mesure que notre enquête avançait, nous nous apercevions que le monde de l'himalayisme hivernal était somme toute assez restreint. En l'espace de quarante ans, quatre-vingt-six personnes seulement ont foulé le sommet d'un 8000 en hiver – beaucoup moins que l'ensemble des astronautes envoyés dans l'espace. Prenez l'Everest : depuis sa conquête en 1953, on y comptabilise trente tentatives hivernales[1], alors que deux mille trente expéditions se sont déroulées à d'autres périodes de l'année !

Il y a si peu d'hommes et de femmes à s'engager dans de tels périples qu'ils finissent par se retrouver,

---

1. Décompte d'après l'Himalayan Database, la base de données créée par Elizabeth Hawley, et le site 8000ers.com, réalisé par l'Allemand Eberhard Jurgalski.

à un moment ou à un autre, au pied des mêmes montagnes ou dans la capitale népalaise. À différents degrés, de génération en génération, tous sont liés, si bien qu'ils nous semblent une même famille, avec ses clashes et ses ego. Forcément, ils ont beaucoup plus en commun qu'Adam Bielecki veut bien l'admettre. *« Une obstination, une persévérance quasi pathologique, qui ne s'explique pas »*, selon les mots du docteur Xavier Fargeas. Surtout, une confrontation avec la mort presque permanente, que l'on retrouve dans très peu d'activités sportives. Avec humour, Tom Patey, écrivain britannique disparu en altitude, disait ceci : *« Novice : personne qui, si elle n'est pas décédée, devrait se tenir à l'écart de la montagne. Grimpeur expérimenté : dont la mort est inévitable*[1]. »

« Tomek » Mackiewicz a perdu la vie sur le Nanga Parbat en janvier 2018. Un an plus tard, Tom Ballard[2] et Daniele Nardi[3], deux jeunes grimpeurs, s'y tuaient eux aussi. Il y a, dans la répétition des accidents, quelque chose d'insensé et de pathétique, comme si

1. Tom Patey, *La Montagne d'un homme*, Guérin, Chamonix, 2000.

2. Né en 1988 en Angleterre, Tom Ballard était le fils des alpinistes Jim Ballard et Alison Hargreaves qui était enceinte de lui lorsqu'elle gravit la face nord de l'Eiger. Deuxième femme à atteindre le sommet de l'Everest sans oxygène en 1995, elle disparut quelques semaines plus tard en descendant du K2.

3. L'Italien Daniele Nardi, né en 1976, avait plusieurs 8000 à son actif. C'était sa cinquième tentative au Nanga Parbat, qu'il avait déjà gravi à l'été 2008. Durant l'hiver, il avait atteint 6 450 mètres avec Élisabeth Revol.

la même journée se déroulait sans fin, dans un espace glacé, hors du temps.

L'alpinisme a en premier lieu consisté à déceler les lignes de faiblesse de la montagne pour y progresser et s'élever. Une fois les cimes atteintes, l'homme n'a cessé de chercher à accroître les difficultés, notamment en ouvrant de nouvelles voies, moins évidentes. Dans les Alpes, les sommets furent d'abord réussis à la saison dite « normale », avant d'être tentés dans les frimas de l'hiver. Ainsi, quatre-vingt-dix ans après sa première ascension en été par le chasseur de chamois Jacques Balmat, en compagnie du docteur Michel Paccard, le mont Blanc est gravi le 31 janvier 1876 par une jeune Anglaise fortunée, Isabella Straton, sous la conduite du guide Jean Charlet, qu'elle épousera. La conquête de l'Himalaya suit cette même logique.

Au siècle dernier, même dans les Alpes, s'engager en décembre à l'assaut d'un pic s'avère une aventure hautement périlleuse. Bien après la « première » de miss Straton, deux étudiants, le Parisien Jean Vincendon et le Bruxellois François Henry, partent, à la fin de l'année 1956, sur le mont Blanc. En leur for intérieur, les deux jeunes gens rêvent d'Himalaya et se disent qu'une telle épopée leur donnera des gages pour partir à la conquête des 8000. Mais les deux garçons restent piégés en pleine tempête, bivouaquent à flanc de montagne et agonisent durant dix jours, à découvert sur le Grand Plateau. Leur calvaire a cruellement mis en lumière l'absence de secours en altitude : à la suite du drame est créé les Pelotons de gendarmerie de haute montagne (PGHM). Lionel Terray, héros de l'Annapurna et guide à Chamonix, se demandait si, en partant en hiver, ces *« conquérants de l'inutile »* n'avaient pas trouvé là *« un moyen un peu artificiel de satisfaire leur passion de bataille et de conquête*[1] *»*...

Rares sont les Français à appartenir au petit club fermé des himalayistes hivernaux. Seuls Marc Batard, Louis Audoubert, Jean-Christophe Lafaille et Élisabeth Revol sont partis plus d'une fois sur les plus hauts sommets en cette saison. Yannick Graziani, himalayiste chevronné, auteur de premières ascensions engagées, refuse pourtant d'en être. *« Le challenge est déjà assez difficile à la bonne saison*, nous affirme-t-il. *Il y a un brin de stakhanovisme dans cette pratique. »* Le grand Reinhold Messner, premier à avoir gravi l'Everest sans oxygène et à avoir réussi l'ascension des quatorze plus hautes montagnes, a refusé de retourner l'hiver dans l'Himalaya, après deux tentatives malheureuses sur le Cho Oyu et le Makalu[2].

Pour comprendre la psyché de ces hommes et femmes, nous avons choisi de raconter six expéditions qui incarnent, chacune à sa façon, une facette de cette épopée. Aux yeux d'Adam Bielecki, l'himalayisme hivernal *« va au-delà de l'alpinisme. Cela se rapproche*

---

1. Lionel Terray, *Les Conquérants de l'inutile*, Gallimard, Paris, 1961.

2. Décembre 1982 et janvier 1986.

davantage de l'exploration. Nous sommes comme Magellan, Robert Falcon Scott ou Neil Armstrong ». Pas moins. Le tréfonds de l'âme et de l'esprit : voilà plutôt le type de *terra incognita* que nous ont semblé chercher ces pionniers.

Chapitre 1

Survivre au Nanga Parbat

Les cimes alentour ne forment plus qu'une forêt d'ombres verticales. La nuit a déjà recouvert le Nanga Parbat lorsque Élisabeth Revol atteint enfin son sommet. Au moment où elle et son compagnon de cordée, un Polonais de 43 ans, Tomasz Mackiewicz, ont dépassé la mer de nuages, le vent s'est levé. Le froid est désormais si intense que la jeune femme n'ôte pas ses gants pour prendre des photos et allumer son communicateur satellite. Près du pieu à neige entouré de drapeaux qui marque le point culminant, Élisabeth, 37 ans, ne pense à rien en attendant « Tomek » qui grimpe encore un peu plus bas. Elle s'imprègne du lieu. *« Sur cette montagne, chaque jour est une récompense. Un pas vers l'inconnu, un pas vers la découverte de soi-même et de ses possibilités »*, écrivait-elle en 2015 sur son blog à l'issue d'une tentative hivernale.

En ce 25 janvier 2018, la Française au regard vert vif vient de réussir un immense exploit : elle est la première femme à s'être hissée sur la cime du Nanga

Parbat, en plein hiver, seulement deux ans après la première ascension hivernale enregistrée sur ce sommet de 8 125 mètres, situé au Pakistan. Élisabeth Revol est fascinée par cette montagne lorsqu'elle la survole pour la première fois en août 2008, en rentrant du glacier du Baltoro, où, pour sa première expérience sur des 8000, elle avait enchaîné le Broad Peak (8 047 mètres), le Gasherbrum I (8 080 mètres) et le Gasherbrum II (8 034 mètres). Au-dessus d'une mer de nuages, le visage collé au hublot, elle découvre ses arêtes déchirées, ses glaciers et son immense paroi sud – 4 500 mètres, la plus haute au monde. C'est une montagne complètement isolée du reste du massif, bien visible depuis l'espace, d'où son nom de « montagne nue » en langue ourdoue. Par deux fois, déjà, Revol a tenté d'en atteindre le sommet avec Tomasz Mackiewicz, cheveux roux ébouriffés, regard bleu clair, l'air illuminé, que tout le monde surnomme « Tomek ». Par deux fois, ils ont dû faire demi-tour, loin de la cime. Cette fois-ci, ils y sont.

18 heures passées. Tomek rejoint Élisabeth sur le sommet. Ils n'ont pas le temps de se serrer dans les bras : *« Éli*, lui dit-il, *je vois flou. »* Lui qui a tant désiré se tenir là est devenu aveugle. Il ne distingue même pas le faisceau de la lampe frontale de sa compagne de cordée. La peur saisit instantanément la Française, leur rêve vient de basculer. *« J'avais la gorge serrée et les jambes coupées*[1]*... »* Commence alors une fuite

1. La revue trimestrielle *Vertical* d'avril 2018 a publié un long texte d'Élisabeth Revol, « Nanga Parbat 2018 en hivernal », dans

cauchemardesque, *« en mode survie »*. Agrippé à l'épaule de sa compagne d'ascension, Tomek, dont le visage trahit la détresse, avance lentement.

Le redoutable mal des montagnes a frappé le Polonais. Il a retiré ses lunettes et souffre d'une cécité des neiges – un aveuglement causé par l'exposition aux rayons UV, intenses à cette altitude. Son état se dégrade d'heure en heure. Ils sont seuls dans la nuit, à plus de 8 000 mètres, personne n'est encore prévenu, et quand bien même : les deux alpinistes savent qu'à cet endroit ils ne peuvent compter que sur eux.

Élisabeth parle à Tomek, le motive comme elle peut. Lui peine à respirer : *« J'étouffe ! »* Ils s'arrêtent pour qu'elle lui fasse une injection de dexaméthasone, un corticoïde puissant. Mais l'épaisseur des couches de vêtements casse l'aiguille qu'elle plante dans son bras. Ils n'en ont pas d'autres. Dans le large couloir sommital, Tomek avale quatre cachets de ce même médicament. Elle lui donne aussi sa deuxième paire de gants, ceux du Polonais sont humides. Au bas de la pyramide sommitale, il saigne de la bouche, ne peut plus tenir un bâton. *« J'étais dans un état d'angoisse maximal, de peur, de néant, mais je ne devais pas le lui montrer »*, se souvient Élisabeth. Plus tard, Tomek prend un autre comprimé qu'il conservait dans sa trousse de secours. Une amphétamine ? *« Tu prends ça quand tu ne peux plus avancer »*, lui avait-il dit au camp de base.

---

lequel elle retrace l'ascension jusqu'à son sauvetage. Nous le citons à plusieurs reprises dans ce chapitre.

À 23 h 10, Élisabeth Revol envoie un message de détresse à son mari et à son logisticien et ami de vingt ans, Ludovic Giambiasi, resté à Gap. *« Tomek a besoin de secours, il a des gelures et il ne peut rien voir. S'il te plaît, organise quelque chose le plus vite possible. »* Les deux alpinistes sont à 7 522 mètres d'altitude, dans la « zone de la mort », comme l'a qualifiée Reinhold Messner, premier alpiniste à avoir atteint le sommet de l'Everest sans oxygène. À cette altitude, l'organisme se détériore. Le seul fait de se tenir debout épuise. Les périls qui guettent alors sont multiples : délire, cécité, mal aigu des montagnes qui, dans sa forme la plus grave, provoque des œdèmes pulmonaires ou cérébraux. Même chez des sportifs de haut niveau, la performance physique est diminuée au moins de moitié et se dégrade à mesure que l'on grimpe – au sommet de l'Everest, l'homme n'est qu'à 20 % de ses capacités, soit l'énergie nécessaire pour monter un escalier avec un petit sac à dos.

La très haute altitude est une autre dimension, hostile à l'homme. Le poète et grimpeur italien Erri De Luca nomme « zone de la survie » tout ce qui se trouve au-delà de 7 500 mètres. *« C'est une altitude de laboratoire*, écrit-il, *j'imagine à l'intérieur de mon corps une chambre noire avec une lumière rouge allumée tandis qu'on développe une pellicule de la résistance*[1]. *»* S'y rendre en hiver, sans oxygène ni sherpas, dans

1. Erri De Luca, *Sur la trace de Nives*, Gallimard, Paris, 2006. En 2014, l'Italienne Nives Meroi a été la troisième femme à gravir

le dépouillement le plus total, est un défi sans pareil. Dans le Karakoram, ce massif qui ferme à l'ouest la chaîne de l'Himalaya, par la rigueur des températures, la fureur du vent qui cingle les corps et la brièveté des jours, l'hiver constitue, comme l'écrit sur son blog Élisabeth Revol, l'*« extrême dans l'extrême »*.

Pendant neuf heures, les deux alpinistes continuent de descendre. L'état de Tomek s'aggrave, il n'arrive pas à respirer – son nez gèle quand il ôte son masque, comme s'il se pétrifiait. À bout de forces, ils se réfugient dans une crevasse, à 7 282 mètres d'altitude. Il est épuisé, a l'air absent, recroquevillé sur lui-même. Elle le serre dans ses bras. Élisabeth Revol sort de leur abri pour réfléchir et regarder le ciel étoilé, elle n'arrive pas à dormir. *« J'étouffais. »* Tout semble si paisible autour d'eux. Elle échange plusieurs messages avec son mari Jean-Christophe, Ludovic Giambiasi, et Anna Antonina Solska, la femme de Tomek. Cette dernière la rassure : *« Ne t'inquiète pas, Tomek est très fort. Il ira bien. Il survivra... »*

Aux premières lueurs du jour, le 26 janvier, Élisabeth passe plusieurs heures à tenter de retrouver leur dernier campement pour récupérer duvet, tente et réchaud, laissés dans une crevasse. En vain. Sans points de repère, tout se ressemble. Quand elle revient auprès de Tomek, il est conscient, mais du sang coule de sa bouche sur sa barbe rousse et ses vêtements. Son visage est gelé en profondeur. Il a terriblement froid. À 12 h 17, elle

---

les quatorze 8000, des ascensions réalisées avec son époux Romano Benet.

écrit par SMS sur son inReach[1] : *« Tomek est dans une situation terrible, il ne peut pas marcher, on n'a pas pu rejoindre la tente, il faut l'évacuer au plus vite. »* Elle ajoute, à 12 h 43 : *« Le vent se lève et Tomek saigne beaucoup de ses gelures, l'infection ne devrait pas tarder. »*

En Europe, les proches, en lien avec les ambassades polonaise et française au Pakistan, s'activent. Pour faire décoller des hélicoptères, il faut du cash. Le mari d'Élisabeth Revol a prévenu Masha Gordon, une femme d'affaires russo-britannique, passionnée d'alpinisme, avec qui la Drômoise a gravi le Makalu (8 485 mètres) en 2017. Cette ancienne journaliste a un flash : il y a deux ans, les familles de deux alpinistes en perdition au Pakistan ont lancé une opération de *crowdfunding* pour leur sauvetage. Le 26 janvier, Masha Gordon ouvre donc un compte sur le site GoFundMe. En quatre heures, 50 000 euros sont récoltés, 157 000 euros un peu plus tard... À Élisabeth Revol qui ne veut pas laisser Tomek seul, on explique que pour ne pas alourdir l'hélicoptère, elle doit perdre de l'altitude. Les mots de son mari finissent par la convaincre de descendre.

Au fond d'elle-même, l'alpiniste sait qu'un vol à cette altitude est hypothétique, mais elle s'accroche aux instructions reçues. Le *timing* lui donne de l'espoir. La jeune femme creuse des marches devant la crevasse pour que son compagnon de cordée, au moment voulu, puisse en sortir plus facilement, confectionnant même

---

1. L'inReach® est un petit système de communication par satellite, léger et compact.

un relais avec ses piolets et un bout de corde. *« Ne t'inquiète pas, les secours vont arriver dans quelques heures »*, lui assure Élisabeth en quittant la tente à 14 heures passées, sans duvet, sans sac, sans nourriture. Elle lui laisse tout ce qu'ils ont. Sous l'abri, Tomek semble inconscient. *« Maintenant je dois vivre avec cette dernière image de lui, sa voix rauque et cet espoir que je lui avais laissé »*, écrira-t-elle.

Devant nos écrans, nous découvrons sur les réseaux sociaux la déroute tragique des deux alpinistes. Ce jour-là, comme tant d'autres, nous arrivons à la rédaction de *L'Obs* où nous travaillons, toutes nos pensées tournées là-haut, obnubilées par le moment vertigineux où Élisabeth Revol a dû prendre la décision de redescendre seule, vers une échappée incertaine. À quoi a-t-elle pensé ? Que lui a-t-elle dit ? Comment va-t-elle pouvoir survivre à ça ?

Élisabeth Revol passe la nuit du 26 au 27 janvier abritée dans une crevasse, à plus de 6 700 mètres. *« J'aurais pu clairement partir cette nuit-là. »* Les secours n'arrivent pas, elle ne comprend pas pourquoi. *« Je me sens en danger, éloignée, trahie... Je suis en colère à ce moment-là et j'ai peur*[1]. *»* Alors qu'elle n'a rien bu ni mangé depuis trente heures, son esprit se perd dans une sorte de délire. Elle imagine qu'on lui apporte du thé chaud. Une dame âgée au visage familier lui demande : *« Est-ce que je peux prendre*

---

1. « Élisabeth Revol, sauvetage au sommet », *Envoyé spécial*, France 2, février 2018.

ta chaussure ? » Machinalement, Élisabeth Revol se déchausse, exposant son pied gauche aux morsures du froid.

Les hallucinations auditives et visuelles sont l'un des symptômes de l'hypoxie, le manque d'oxygène. La haute altitude peut avoir l'effet d'une drogue. Sur l'Everest, en 1933, Frank Smythe avait sorti de sa poche de la nourriture pour un compagnon imaginaire ; en 1986, sur ce même sommet, Jean Troillet voyait un transformateur électrique posé sur un nuage et des majorettes… Sur le Nanga Parbat, l'Autrichien Hermann Buhl, en perdition, avait cru apercevoir ses compagnons ; en 1970, Messner a entendu des voix et senti des présences près de lui… Élisabeth se réveille en chaussette, sa chaussure est posée à côté d'elle. Son pied, qu'elle dénude pour vérifier, est blanc. 8 heures et quelques : *« Me suis gelé cinq orteils sur pied gauche, c'est du bois. »*

***

C'est à Chilas, petite ville au nord du Pakistan, au bord de l'autoroute du Karakoram, qu'Élisabeth Revol a rencontré Tomek en 2013, dans une chambre enfumée. *« Il était entouré de ses amis – il en avait énormément, là-bas, c'était une vedette – et il fumait un joint. Je suis entrée et il a fait "Oh, Éli !" Il a retiré sa cigarette, comme un petit qui aurait fait une bêtise »*, rit-elle.

Avant qu'Élisabeth Revol accepte de nous rencontrer, il y a d'abord eu de longs échanges écrits, un rendez-vous annulé à la dernière minute. Trop peu de temps après l'accident… Elle ne se sentait pas encore prête. Neuf mois plus tard, nous la rejoignons dans une brasserie parisienne, face à la gare de Lyon. Son débit est rapide, sa voix, juvénile ; elle semble sans cesse contenir sa ferveur lorsqu'elle évoque son compagnon. Tomek et elle pouvaient passer des heures à se raconter des histoires. *« Il était complètement à l'opposé de ma philosophie de grimpe et de ma conviction dans le sport »*, relève-t-elle. Alors que les deux alpinistes ne se ressemblaient pas du tout, la symbiose fut immédiate.

À 4 ans, la Drômoise, native de Crest, grimpe seule jusqu'au refuge du glacier Blanc, dans les Hautes-Alpes. Ses parents – un père employé à l'entretien des routes, une mère au foyer – lui ont transmis, comme à son frère aîné, l'amour de la montagne. À 12 ans, Élisabeth se demande si elle aura un jour le niveau des héros de l'alpinisme dont elle pioche les récits dans la bibliothèque familiale. Le culte de la performance commence très tôt : *« Ma mère me répétait tout le temps : "Quand tu fais quelque chose, fais-le bien." »* Durant quinze ans, elle pratique intensément la gymnastique, discipline pour laquelle il faut sans cesse refaire les mêmes gestes pour les maîtriser, *« comme en alpinisme »*. Elle envisage un temps le métier de guide de montagne, mais son petit gabarit – 1,56 mètre pour 48 kilos, 40 au retour du Nanga – et le sexisme de la profession l'en dissuadent. *« Un peu par hasard »*, la jeune femme, installée avec son mari antiquaire dans le village de Saoû, devient professeure d'éducation physique, un métier qui lui laisse du temps pour se consacrer à sa passion. C'est une enseignante très appréciée et hyper discrète. *« Peu d'élèves connaissaient son parcours »*, témoigne une ancienne collègue. Puis tout a fini par tourner autour de la montagne. Premiers 6 000 mètres en Bolivie, en 2006. Élisabeth Revol, tout en nerfs et en muscles, se distingue par ses aptitudes physiques qui lui permettront de s'attaquer aux géants de l'Himalaya deux ans plus tard. Tous les organismes ne sont pas égaux face à la très haute altitude. La grimpeuse fait partie des personnes qui la supportent très bien. *« Elle a des branchies »*, plaisante une amie. Alors qu'elle se trouve au sommet du Gasherbrum I (8 080 mètres), en 2008, son mari hallucine en l'entendant au téléphone, pas même essoufflée : *« Mais tu es au camp de base, non ? »* Autre atout : comme celui de son père, son cœur bat très lentement – entre trente-cinq et quarante-cinq pulsations par minute. Une amie nous prévenait : *« Les scientifiques devraient se pencher sur son corps : elle est toute petite et elle met la pâtée aux mecs. »* Revol a un mental qui l'emmène haut. *« Les véritables sommets à conquérir sont ceux de nos forces intérieures »*, écrit-elle sur la pochette du DVD d'une de ses ascensions, offert au principal du collège drômois où elle enseigne l'EPS, entre deux expéditions. Elle se donne les moyens de réussir : *« Je ne laisse pas de place à l'inconnu en montagne. Si j'y vais, c'est que j'ai tout mis en place pour y arriver. Je fais attention à chaque détail et si j'échoue, je vais me remettre en question et me focaliser sur les petites choses qui me permettront d'atteindre le sommet. »* En 2016, elle arrête d'enseigner pour devenir grimpeuse professionnelle. Course, vélo, escalade… Revol la *control freak* s'entraîne vingt heures par semaine minimum et mène une vie d'ascète (régime bio, sans viande rouge ni gluten, zéro alcool). Accro au sport, elle ne peut pas passer une journée sans se dépenser. « *J'aime l'effort, j'aime transpirer* », explique-t-elle.

À côté, Tomek n'a pas vraiment de routine sportive : il s'entraîne très peu. « *Ce n'est pas un alpiniste au sens où on l'entend…* », traduit Élisabeth. Tomek poursuit plutôt un rêve immense, qui deviendra une obsession : le Nanga Parbat.

L'ex-toxicomane accro à l'héroïne a tout du beatnik, rien d'un athlète. Sa quête ressemble à celle d'un héros maudit, à la Christopher McCandless, relatée par Jon Krakauer dans le livre *Into the Wild*[1], puis portée à l'écran par Sean Penn[2]. Le Polonais a grandi chez sa grand-mère à la campagne, dans une grande liberté de mouvement. Quand ses parents décident de déménager à Częstochowa, ville industrielle du sud de la Pologne, le choc est à la fois culturel et psychologique. À 18 ans, il tombe dans la drogue, vit dans la rue, se consume de l'intérieur. Il lui faut plusieurs séjours dans un centre de désintoxication en Mazurie, au nord-est du pays, pour se libérer de l'héroïne. Mais Tomek n'est pas fait pour une vie rangée. Son désir ardent de liberté camoufle sa difficulté à trouver sa place dans la société. Ultrasensible, il souffre de dépression depuis tout jeune. En 2000, il part en Inde, où il passe six mois

---

1. Jon Krakauer, *Into the Wild*, Anchor Books, New York, 1996, pour l'édition originale ; 10/18 pour l'édition poche française, 2008.
2. 2007.

dans un centre pour lépreux. Il voyage sans argent, traverse certaines frontières illégalement. C'est en Irlande, où il s'est installé avec sa première femme, et où il travaille comme mécano, qu'il rencontre lors d'une soirée Marek Klonowski, un ingénieur, polonais lui aussi, qui a pour projet de gravir le mont Logan (5 959 mètres), le plus haut sommet du Canada. Tomek, qui a découvert tardivement l'escalade sur des murs artificiels, propose de l'accompagner. Au printemps 2008, tous les deux s'embarquent dans une traversée épique de quarante jours, pour laquelle ils remporteront en Pologne le prix Kolosy de l'« exploit de l'année ». 2008 marque aussi la tragédie la plus cruelle de la vie de Tomek : juste avant que sa femme Joanna ne donne naissance à des jumeaux, ils apprennent que l'un des deux est mort. Leur couple ne s'en relèvera pas. Tomek part en 2009 au Kazakhstan gravir seul le Khan Tengri. Au sommet, à 7 010 mètres d'altitude, il disperse les cendres de son fils Xawery.

Pourquoi grimper des montagnes ? Le Polonais n'a jamais pu l'expliquer, pas plus que son attraction pour le Nanga Parbat. Sans relâche, pourtant, durant sept hivers, il a convoité le neuvième plus haut sommet au monde, l'un des plus dangereux. Marek Klonowski et lui tentent pour la première fois l'impossible en 2010-2011. Le permis hivernal est bien moins cher (300 dollars) et personne n'a encore réussi à gravir ce 8000 en cette saison. Marek Klonowski nous assure, bien qu'on ait du mal à le croire, que le sommet n'était pas le plus important lors de leurs premières tentatives. Leur expédition ressemble davantage à une expérimentation qu'à une ascension : les deux Polonais atteignent tout juste l'altitude de 5 500 mètres. Pareil l'année suivante. *« La montagne et le Nanga Parbat représentaient une grande partie de la vie et de la personnalité de Tomek »*, témoigne Anna, sa seconde femme et la mère de sa fille. Ensemble, ils évitent de parler des risques ; il sait que ça lui fait peur. *« C'était très dur à vivre bien sûr, mais je l'acceptais. »*

L'hiver 2012-2013, le Polonais monte seul à 7 400 mètres. Quand les autres alpinistes n'ont qu'une idée fixe, être le plus rapide sur la montagne pour s'exposer le moins longtemps possible à la très haute altitude qui bousille le corps et le cerveau, Tomek, lui, bivouaque tranquillement. Il passe cinq nuits seul, en s'alimentant peu, dans un trou creusé dans la neige, au-dessus de 6 500 mètres. Le manque d'oxygène lui donne des hallucinations. Là-haut, il se sent bien, il réfléchit différemment. *« J'entre alors dans une sorte de méditation*, a-t-il expliqué[1], *un état très intéressant, difficile à décrire. » « Tomek était fasciné par le fait de pouvoir faire de la montagne sa maison »*, dit à son propos Wojciech Kurtyka, illustre alpiniste polonais. Anatoli Boukreev, guide kazakh, utilisait la même image pour décrire son lien avec l'Himalaya : *« C'est une vie solitaire et étrange, incompréhensible pour certains, mais pour moi c'est ma maison, c'est mon travail. »*

1. Interview de Tomasz Mackiewicz publiée dans la *Gazeta Krakowska*, Cracovie, avril 2014.

Au Pakistan, Tomek n'est plus un touriste lambda : il échange beaucoup avec les montagnards des hautes vallées, habite parfois chez eux. Entré en communion avec le Nanga Parbat, il y trouve une échappatoire. La montagne lui donne de l'énergie, le déconnecte du monde. Son ami Marek Klonowski pense que le bonheur est, d'une certaine façon, plus facile à atteindre en altitude. Un bonheur simple, qui tient à une seule chose : survivre. *« L'adrénaline que procure la grimpe est aussi une drogue*, reconnaît l'ingénieur. *Tout ce qui permet à votre cerveau de fonctionner différemment vous aide à mieux vous connaître. Dans une certaine limite bien sûr, l'expérience étant ici la clé. »*

Après plusieurs années prospères, l'activité de Tomek – il installe des pylônes d'éoliennes – s'écroule. Il est endetté. À la fin de leur troisième tentative hivernale, Marek et lui doivent revendre tout leur équipement pour acheter leurs billets d'avion retour. Sans sponsors, ils financent les expéditions par *crowdfunding*. *« Ce n'était bien sûr jamais suffisant »*, dit Anna, qui s'occupe de récolter les fonds manquants alors que son homme est déjà en Himalaya. Tomek ne contracte pas d'assurance. Une année, faute de moyens, il s'est équipé de cordes provenant d'un magasin de fournitures agricoles. *« C'est vrai, il les a achetées, mais il ne les a pas utilisées pour faire un relais, pour s'assurer, il n'était pas stupide, il savait que c'était trop dangereux »*, précise Anna, soucieuse de réhabiliter l'image de son homme. Elle est amère en évoquant les grimpeurs qui traitaient Tomek comme un Pied nickelé, voire le prenaient pour un fou. Au sein de la communauté alpine polonaise, on se moque de son entêtement et son approche peu professionnelle. Adam Bielecki, étoile montante de l'alpinisme en Pologne, que nous avons rencontré à Wroclaw, sourit : *« Je me souviens qu'après sa troisième expédition je me suis dit O.K., s'il continue, il sera au sommet dans cinq ans. Et six ans après, ce n'était plus une blague mais une prophétie ! »* Tomek, l'*outsider* qui ne prend même pas la peine de consulter les bulletins météo, a appris à grimper sur cette montagne. Tentative après tentative, « Czapkins », « l'homme au chapeau », son surnom, se rapproche lentement du but.

Pour lui, comme pour Élisabeth Revol, cette montagne est un paradoxe. *« Vous souffrez tout en étant heureux. Comment est-ce possible ? Vous vous sentez complètement épuisé, mal, mais vous vous dites que vous avez de la chance. Vous avez horriblement froid mais les paysages autour sont magnifiques* [...] *Vous avez l'impression que le sommet est proche alors que le chemin est encore long.* [...] *En y réfléchissant, la vie est pareille. La vie est un grand paradoxe, à la fois très dure et merveilleuse*[1]. »

À l'hiver 2013, Tomek Mackiewicz et Élisabeth Revol sont chacun sur un versant de la montagne. Après quelques jours de trek, la Française arrive au camp de base du Nanga Parbat en janvier, accompagnée de Daniele Nardi, un alpiniste italien. C'est sa première expédition dans l'hiver himalayen. *« Je*

1. *Tomasz Mackiewicz (1973-2018)*, documentaire de Haris Ansari et Naveed Bari, 2018.

voudrais essayer les 8000 sous une autre forme, pour répondre à d'autres questions, pour me découvrir dans un milieu encore plus hostile, expose-t-elle dans le film que tous deux ont consacré à leur tentative – ils n'ont pas dépassé 6 500 mètres. *Est-ce que je peux grimper dans des conditions de froid extrême, surtout quand on est dans un état d'hypoxie* [...] *? Est-ce que je peux passer une nuit en altitude ? Toutes ces questions, elles me passionnent, elles m'intriguent et elles ont été le moteur de nombreuses heures d'entraînement.* »

La prof de sport a choisi ce sommet pour ses lignes techniques, mais aussi pour son histoire. Adolescente, elle a lu le récit de Reinhold Messner qui, en 1970, a ouvert avec son frère Günther une voie sur l'immense versant Rupal, la plus haute face de glace et de rocher au monde. Ce fut une tragédie : Günther périt lors de leur descente par le versant Diamir, probablement dans une avalanche, alors que les deux frères s'étaient séparés. Reinhold réussit à rentrer en vie au bout d'une semaine d'errance et d'agonie. Celui qui fut accusé d'avoir sacrifié son frère fut amputé de plusieurs orteils et phalanges… *« Comme si c'était une faute d'être resté en vie*[1] », la culpabilité l'a rongé. Longtemps, cette montagne l'a hanté. Il y est retourné en 1971, en 1973, en 1977. Messner a tenté de ravir le sommet en solo, sans succès. *« La montagne me parut soudain écrasante*[2]. » Il y parvint en 1978. En 2005, les restes

1. Quotidien suisse *La Liberté*, 7 septembre 2014.

2. Reinhold Messner, *Ma voie*, Arthaud, Paris, 2013 pour l'édition française.

de Günther – une veste, une chaussure et des fragments d'os – furent finalement recrachés par le glacier.

Le Nanga Parbat, premier 8000 à avoir été convoité par l'homme, raconte une histoire fascinante. En 1895, le grand alpiniste anglais Albert Frederick Mummery fut emporté par une avalanche sur ses flancs. Il fut le premier mort d'une longue liste. Dans les années 1930, le IIIe Reich rêve de faire de ce sommet un symbole nazi, finançant plusieurs expéditions pour le conquérir, dont plusieurs se sont soldées tragiquement. Le héros de *Sept Ans d'aventures au Tibet*[1], Heinrich Harrer[2], membre de la SS, se lança en 1939 à son assaut, avant de rebrousser chemin et d'être fait prisonnier sur ce territoire des Indes britanniques où la guerre vient aussi d'être déclarée. Il s'évadera en 1944 et fuira à travers l'Himalaya jusqu'à atteindre Lhassa, deux ans plus tard, où il deviendra le précepteur du jeune dalaï-lama. Avant qu'Hermann Buhl ne parvienne à gravir le Nanga Parbat, le 3 juillet 1953, trente et un hommes y ont perdu la vie. Le bloc de granit et de gneiss avait gagné son funeste surnom : la « montagne tueuse ». Siegfried Hupfauer, un alpiniste allemand, rapportait : *« Quand on remet l'autorisation au ministère du Tourisme, l'employé vous dit toujours, comme*

1. Heinrich Harrer, *Sept Ans d'aventures au Tibet,* Arthaud, Paris, 1953. Adapté au cinéma par Jean-Jacques Annaud en 1997.

2. Avec les Allemands Anderl Heckmair et Ludwig Vörg, les Autrichiens Heinrich Harrer et Fritz Kasparek avaient réalisé la première ascension de la face nord de l'Eiger.

une sorte d'adieu : "Alors bonne chance sur la montagne assassine !"[1] »

En janvier 2015, pour leur première expédition commune, Tomek et Élisabeth font demi-tour à 7 800 mètres sur la voie Messner, où ils ont progressé dans un style épuré, sans cordes fixes. Pourquoi s'est-elle alliée avec lui ? Les deux amis sont si différents que la question est souvent revenue au cours de nos discussions. Il est costaud, peut porter des sacs plus lourds qu'elle, et il est ultrarésistant au froid. Elle est plus endurante et rapide. *« Il disait souvent : "Je ne vois pas pourquoi j'irais plus vite, je ne fais pas une course" »*, rapporte Anna. Il rigolait parfois en parlant de la Française : *« Elle est toujours très rapide, elle court, mais pourquoi ? »* Les raisons de leur association sont à chercher ailleurs. *« On a les mêmes sentiments, ressentis et aspirations »*, écrit Élisabeth Revol sur son blog en 2015. Dans sa lettre d'adieu, publiée sur son compte Facebook, elle insiste sur l'état d'esprit de son compagnon de cordée. *« Tomek était l'un des hommes des plus libres et des plus indépendants que je connaisse. Il était hors normes.* [...] *C'est avec toi là-haut que j'ai compris ce que tu avais pu ressentir, ce qui t'avait poussé à aller toujours plus loin et passer autant de temps là-haut. Cette impression d'immensité qui ne nous écrase pas, mais nous donne, au contraire, envie de voler, vers le haut, les sommets, les cieux, l'espace, le vertige. Le pouvoir de l'Univers, comme tu disais... »*

---

1. Stefano Ardito, *Glorieux Sommets*, Gründ, Paris, 1993.

La première incursion hivernale sur le Nanga Parbat remonte à 1988. Vingt-neuf expéditions s'y sont succédé avant que l'Espagnol Alex Txikon, l'Italien Simone Moro et le Pakistanais Ali Sadpara ne touchent au but, le 26 février 2016. Pour Tomek, qui a passé tant de temps sur cette montagne et la connaît si bien, le coup est rude. Il ne veut pas le croire et crie au mensonge, aigri, réclamant à Simone Moro des preuves de leur ascension. *« Ce n'était plus le même à la suite de ça »*, reconnaît Élisabeth Revol. Marek Klonowski a cessé d'aller sur le Nanga Parbat après cette première ; sous le coup de l'émotion, Tomek annonce lui aussi qu'il n'ira plus, avant de se raviser. *« C'était important pour lui d'arriver au sommet, peu importe pourquoi et comment »*, affirme son ancien compagnon de cordée. *« Plus le sommet semblait impossible à atteindre, plus il s'entêtait »*, ajoute sa femme Anna. Les motivations de Tomek ont évolué au fil du temps, estime son biographe[1], le journaliste polonais Dominik Szczepański. D'abord le goût de l'aventure et le challenge. Un temps, le vétéran du Nanga a espéré qu'une première pourrait résoudre ses problèmes d'argent et lui permettre de devenir grimpeur professionnel. Qu'en est-il de son dernier voyage ? *« Il voulait prouver quelque chose »*, estime Szczepański.

***

Automne 2017. *« Ne t'inquiète pas, Éli, ne t'inquiète pas. On ira au sommet. »* Cet hiver, Tomek est

1. Dominik Szczepański, *Czapkins. Historia Tomka Mackiewicza*, Agora, Varsovie, 2019.

vraiment sûr de lui. Il s'est décidé trois mois avant la date de départ. Revol a pris en charge ses billets d'avion, à défaut de pouvoir faire plus. *« J'avais très peur que la pression soit trop forte. J'étais dévastée qu'il y aille de nouveau »*, nous confie sa femme Anna. Le couple a trouvé un équilibre de vie en Irlande, Tomek a enfin un travail stable, il bosse dur dans une entreprise de construction. Avant de s'envoler pour Katmandou, il fait une halte à Varsovie pour voir son fils Maks, 9 ans, né de sa première union. *« Papa, ne pars pas ! »* implore le gamin. Tomek, qui n'a jamais vu son aîné aussi triste, ne sait que faire. Il envoie un texto à Anna : *« Ce voyage est étrange et différent* [...] *Je ne ressens pas la joie habituelle. Seulement son léger arrière-goût. L'écho de vieux sentiments. J'y vais un peu comme si je remplissais un ennuyeux devoir. »*

Le 23 décembre 2017, Élisabeth Revol et Tomek atteignent le camp de base du Nanga Parbat. La Française sent que quelque chose a changé. Son compagnon de cordée est taiseux, dépressif. Anna reçoit peu de nouvelles – Tomek n'avait pas jugé bon de racheter un téléphone satellite depuis que le sien l'avait lâché. Elle nous en parle avec émotion, en détachant chaque mot, sans effusion. Depuis le début de notre enquête, c'est la première fois qu'un entretien nous affecte autant. Difficile, tout à coup, de voir de la grandeur et de l'exploit là où il y a tant de tristesse et de gâchis. Tomek, 43 ans, a laissé trois orphelins. Pourquoi cette face sordide de la montagne est-elle si peu décrite dans les récits d'alpinistes ? En écrivant ces lignes, dans le train qui nous ramène de Chamonix à

Paris, toutes les deux nous faisons silence pour fixer les paysages vallonnés qui défilent derrière la vitre.

Tomek, imprégné de culture hindouiste, avait une fascination pour le Nanga qu'il pensait habité par une divinité. C'est en discutant avec des bergers qu'il a découvert « Fairy ». Lors de ses premiers voyages, il avait senti une puissance, comme si la montagne avait une personnalité, sa propre sensibilité… Cela prend sens : le Nanga Parbat n'est pas qu'une somme de roche et de glace, c'est aussi la maison d'un esprit. Fairy s'immisçait dans ses rêves, dans l'air, Fairy lui parlait, lui disait quoi faire. *« Même si je me tourne vers Dieu quand je suis seule, je suis cartésienne. Tomek, lui, était vraiment habité par la spiritualité, qui l'emmenait très loin »*, raconte Élisabeth Revol. Marek Klonowski est plus terre à terre quand on évoque l'entité : *« Personne ne parle avec Fairy. C'est une légende, une belle histoire. »*

En 2016, quand Élisabeth et Tomek butent sur un sérac infranchissable, Tomek s'isole pour converser avec la divinité. Fairy lui conseille d'entrer dans la crevasse… La Française n'en revient toujours pas : *« On a réussi à passer ! »* Alors qu'ils font sécher leurs duvets en plein air et que le vent les agite, Tomek lui dit : *« Tu vois, c'est Fairy qui joue avec nous. »* En 2015 déjà, quand le Polonais tombe dans une crevasse et que son corps ricoche contre les parois du gouffre, Tomek entend deux voix distinctes. *« Mais qu'est-ce que tu fais ? »* demande l'une. L'autre conseille de ne pas s'inquiéter : *« S'il est costaud, il survivra. »* Tomek s'en tire avec quelques contusions. Cet hiver-là, Élisabeth Revol l'a aidé à remonter à la surface. Elle l'a poussé à marcher jusqu'au camp, sans s'arrêter.

Tomek était explosé et le lendemain, il n'arrivait plus à avancer. *« Tu m'as sauvé la vie, car je serais resté là-haut, sinon. » « Cette année, c'est ce que j'ai essayé de faire, mais ce n'était pas possible »*, explique Élisabeth Revol. Elle détourne le visage pour réprimer ses larmes. *« Il était dans un tel état... »*

Tomek croyait en l'existence de Fairy, sans vraiment savoir s'il s'agissait d'une bonne ou d'une mauvaise créature. Fairy est une sorte de sirène de la montagne, suspendue entre le monde des morts et celui des vivants, selon la légende – comme l'est l'alpiniste qui meurt sur un 8000. Dans une certaine mesure, Tomek craignait Fairy. *« Bien sûr que c'est une légende, et vous pouvez penser que je suis folle, mais je crois que cet "esprit" était quelque part amoureuse de lui et voulait le garder à jamais*, nous confie Anna. *La créature a fait beaucoup de mal à Élisabeth, qui a failli mourir, mais elle a survécu car ce n'est pas elle qu'elle voulait, mais lui. »*

Affamée, déshydratée, se croyant abandonnée, Élisabeth Revol, à plus de 6 000 mètres, continue lentement de redescendre, sentant le gel dévorer les chairs de ses doigts... *« Plus je descendais et plus mon combat était dense : concentration, froid, manip, fatigue, soif, faim, sommeil, épuisement et, plus que tout, une envie de sortir en vie de cet enfer pour venir en aide à Tomek. »*

Dans *La Mort suspendue*[1], le récit d'une des expériences de survie qui ont marqué l'histoire de

1. Joe Simpson, Glénat, Grenoble, 1989.

l'alpinisme, Joe Simpson raconte comment il s'est trouvé dans un état *« proche de l'hypnose »* sur le Siula Grande, un 6 000 mètres des Andes péruviennes, où il a dû ramper jusqu'au camp de base malgré sa jambe cassée, trois jours durant. L'alpiniste anglais, qui a miraculeusement survécu à une chute, après que son compagnon de cordée eut coupé la corde qui les reliait, obéissait à une petite voix intérieure – son instinct de survie. *« Pose, lève, appuie, saute... Continue comme ça. Regarde la distance que tu as parcourue. Avance sans penser à rien... »* Le cerveau en mode pilotage automatique. Nombre d'alpinistes que nous avons rencontrés sont ébahis devant la force déployée par Élisabeth Revol sur les pentes du Nanga Parbat. Pour le guide Stéphane Benoist, sa *« capacité de survie va bien au-delà du commun des mortels ».* Tamara Lunger, une Italienne qui a fait demi-tour sur le Nanga Parbat à l'hiver 2016, n'a pas pu s'empêcher de s'imaginer à sa place. *« C'est incroyable qu'elle ait survécu deux nuits dehors, je ne sais toujours pas comment c'est possible. »*

Élisabeth Revol n'aurait certainement pas pu s'en sortir seule. Sa chance, folle : une énorme expédition polonaise se trouve à moins de 200 kilomètres de là, prête à ravir le K2, un 8000 jamais atteint en hiver. Quand ils apprennent la déroute des deux naufragés, le 26 janvier, tous se portent volontaires pour se détourner de leur quête et tenter un sauvetage. Deux des meilleurs himalayistes au monde font partie de l'équipe de secours : Adam Bielecki, jeune star polonaise, et Denis Urubko, un Russo-Polonais dur au mal, avec vingt ascensions de 8000 à son compteur. Ils connaissent déjà cette montagne, sont en forme et bien acclimatés au manque d'oxygène – un préalable essentiel pour monter en très haute altitude sans risquer d'y rester. Krzysztof Wielicki, le leader de l'expédition, a désigné ces deux hommes ainsi que Piotr Tomala et Jaroslaw Botor. Deux hélicoptères de l'armée pakistanaise doivent venir chercher les alpinistes au camp de base du K2 pour aller les déposer sur le Nanga Parbat. Le brouillard recouvre la vallée et le glacier toute la matinée du 27 janvier. Les grimpeurs trépignent, impuissants, sachant pertinemment que le temps est compté. En début d'après-midi, enfin, ils décollent. Quand ils remontent la vallée de Diamir, les pilotes, qui n'ont jamais été formés à ce type de mission, mettent leur masque à oxygène. *« Je me suis dit que le vol était peut-être la partie la plus dangereuse du sauvetage »*, relate Adam. Pour pouvoir aller le plus haut possible sur la montagne, l'équipe décide de déposer les sauveteurs l'un après l'autre pour alléger les appareils. Les pales frôlent le sol, les pilotes s'approchent au plus près de la minuscule plateforme rocheuse indiquée par Denis Urubko. Vers 4 750 mètres d'altitude, ils réussissent à larguer les grimpeurs au pied de la voie Kinshofer, la plus directe – une paroi raide, pleine de glace, qui se termine par une barrière rocheuse verticale de 100 mètres.

17 h 23. Élisabeth Revol envoie un dernier texto à ses contacts : *« Je vais crever. Bientôt plus de batterie. »*

Le plan est le suivant : Piotr Tomala et Jaroslaw Botor resteront au niveau du camp 1 en soutien, tandis qu'Adam Bielecki et Denis Urubko s'élanceront à la recherche de la Française. Dans la soirée, on leur confirme qu'elle descend par la voie Kinshofer vers le camp 2, sans plus de précisions. Ils n'ont pris avec eux que le minimum : une toile d'abri-bivouac, une trousse de secours, à boire, un peu de nourriture, un réchaud, une paire de gants ainsi qu'une petite bouteille d'oxygène, qu'Adam larguera en cours de route pour gagner en rapidité. Urubko n'attend pas son compagnon de cordée à la descente de l'appareil : il commence à grimper tout seul, si bien qu'Adam doit courir pour le rattraper. Vingt minutes plus tard, la nuit tombe déjà ; les deux hommes allument leurs lampes frontales. Adam se souvient avoir levé la tête pour observer le Nanga Parbat. Depuis des mois, il n'a que le K2 en tête et voilà qu'il se retrouve au pied d'un autre 8000, avec un sac quasiment vide. Drôle d'impression.

À des milliers de kilomètres de là, en soirée, l'un des deux premiers hommes à avoir marché sur l'Everest en plein hiver, Leszek Cichy, qui fait du ski nordique avec sa femme au sud de la Pologne, se connecte au traceur GPS d'Adam. Lui et des milliers d'internautes observent en temps réel les Polonais gagner de l'altitude. Suspendues à leur progression, nous suivons aussi avec angoisse leur avancée. Les conditions sont bonnes, ils vont vite, très vite. *« Ma lampe frontale créait une bulle de lumière. Il y a eu un moment où j'ai retenu mon souffle, j'ai regardé autour de moi, j'étais cerné par une mer de glace. C'est comme si j'étais sur une autre planète, dans l'endroit le plus isolé sur terre »*, nous décrit Adam Bielecki. Paradoxe de la modernité : *« On n'était pas conscients à ce moment que tant de gens nous suivaient. »*

La lune éclaire la paroi de glace. Les grimpeurs trouvent quelques cordes fixes déjà en place. *« Pour devenir un vieux grimpeur, il y a trois règles*, rappelle Adam. *Toujours s'encorder sur le glacier, ne jamais grimper sous des séracs et ne jamais utiliser de vieilles cordes fixes. »* La situation étant exceptionnelle, ils transgressent la règle numéro 3. *« Grimper est une activité égoïste. La plupart du temps, on n'arrive pas à expliquer pourquoi on le fait*, poursuit le Polonais. *Pour une fois dans ma vie, je grimpais pour une bonne raison. »*

En arrivant au camp 2, Denis Urubko hurle le nom de la Française, mais n'entend en retour que l'écho de sa voix qui se réverbère contre les rochers. *« Élisabeth ! Élisabeth ! »* Vers 1 h 50, ils dépassent 6 000 mètres d'altitude. En neuf heures, les deux alpinistes ont parcouru 1 100 mètres de dénivelé. Ils se trouvent maintenant au-dessus du mur Kinshofer. Le Russo-Polonais entend un filet de voix. La Française a aperçu le halo lumineux de sa frontale. *« Élisabeth ! Nice to see you »*, lance Denis Urubko dans le noir. Il se retourne en direction de son compagnon de cordée, qui ne s'attendait pas à trouver la jeune femme si bas sur la montagne : *« Adam ! Je l'ai trouvée ! »* Quand Élisabeth découvre le visage de ses sauveteurs, elle laisse instantanément la pression se relâcher. Infini soulagement. Une ou deux heures après, ils seraient peut-être arrivés trop tard… *« Je savais que je pouvais atteindre le camp 3 mais qu'ensuite, j'étais condamnée. Descendre dans la voie Kinshofer était extrêmement risqué »*, explique-t-elle. Elle enfile la paire de moufles que Denis Urubko lui tend, à la place de ses gants fins. L'extrémité de ses doigts est toute blanche, attaquée par le froid.

Les trois alpinistes ont déployé une toile autour d'eux, à l'emplacement du camp 2. Le vent souffle de plus en plus fort. Revol décrit précisément à ses sauveteurs l'état de Tomek lorsqu'elle l'a quitté. Comme il ne pouvait plus bouger, les chances de pouvoir le transporter, à cette altitude, sont trop faibles. Adam : *« On a rapidement su qu'on devait concentrer nos forces sur elle. »* Ils lui font boire chaud, lui donnent un médicament pour activer la circulation sanguine, et lui proposent un repas protéiné qu'elle n'est pas capable d'avaler. *« C'est un miracle »*, répète-t-elle sous la tente. La Française leur parle encore de Tomek : *« Elle se sentait coupable et a commencé à s'excuser, à justifier pourquoi elle l'avait laissé*, se souvient Adam. *Je lui ai dit que c'était la seule chose qu'elle pouvait faire. »* Élisabeth, épuisée, étend ses jambes sur Denis et pose sa tête contre Adam qui n'ose pas bouger, de peur de la réveiller. Cette nuit-là, par – 35 °C et un vent de 80 km/h, Élisabeth a été la seule à somnoler.

Une tempête de quatre jours est annoncée pour la mi-journée : au petit matin, il faut descendre au plus vite. Les Polonais ont seulement 60 mètres de corde d'assurage et une corde fine de 50 mètres, or la Française est incapable de tenir un rappel ou de faire une manipulation. Comment procéder ? Ils trouvent un stratagème : pour la première portion, le mur Kinshofer, Revol est assurée sur la petite corde de hissage et Adam, en rappel, descend à côté d'elle pour l'aider et la guider. Les Polonais sont impressionnés : elle arrive parfaitement à s'équilibrer avec ses pieds, pour éviter de heurter la paroi. Vers 12 heures, ils atteignent le camp 1, où se trouve la cordée de soutien. Adam n'y croit pas : elle marche aussi vite qu'eux !

Évacuée en hélicoptère à l'hôpital d'Islamabad, Élisabeth Revol ne parvient toujours pas à assimiler la mort de son ami : elle est persuadée que Tomek est encore en vie. De retour en France, le 30 janvier, elle est admise à l'hôpital de Sallanches (Haute-Savoie), où elle est prise en charge pour ses gelures. *« Je n'avais que la culpabilité d'être en vie et de n'avoir pas pu sauver Tomek. »* Elle regrette d'avoir, en conférence de presse, le 7 février à Chamonix, critiqué la lenteur des sauveteurs pakistanais. *« On aurait pu sauver Tomek ! »* Elle mettra ses reproches, déplacés, *« honteux »*, sur le compte du choc. *« J'étais dans un état de désespoir complet. À ce moment-là, j'en voulais à la terre entière. »* On ne l'y reprendra plus : *« Ce n'est pas dans une interview de cinq minutes que l'on peut expliquer et décortiquer ce qu'on a vécu dans la montagne*[1]*. »*

Le Nanga Parbat a renversé Élisabeth Revol. *« Comment vivre ou revivre après ce drame ?* […] *Comment affronter les regards ? Comment ne pas*

1. Entretien de septembre 2018.

vivre recluse ? » Les premiers mois, tout lui rappelle son expédition. *« Ma tête reste accrochée à Tomek, au Nanga, et à ces émotions vécues là-haut avec lui, puis sans lui »*, écrit-elle fin mai dans sa longue lettre d'adieu. Lors de notre entretien, Adam, avec qui elle échange régulièrement, nous explique : *« Le plus difficile, c'est qu'elle est très seule face à ce qu'elle a vécu. Très peu de gens peuvent comprendre, et elle ne peut pas l'expliquer. »* À l'hiver 2013, sur le Broad Peak, le Polonais a lui aussi perdu deux compagnons de cordée…

Lorsque nous rencontrons Élisabeth Revol, neuf mois après, elle est encore à vif. *« Cela ne fait que très peu de temps que j'arrive à tenir une conversation sans fondre en larmes, à chasser les images flash. »* Elle est de fait incapable de revenir sur le moment où elle a laissé Tomek et refuse d'évoquer ses éventuelles séquelles. Elle dissimule sa main. Revol n'assume alors plus les mots prononcés sur son lit d'hôpital, lorsqu'elle jurait qu'elle regrimperait. Après la mort de son compagnon de cordée sur l'Annapurna, le Tchèque Martin Minarik, en 2009, il lui a fallu quatre années pour retourner en Himalaya.

Que s'est-il passé au sommet du Nanga Parbat, fin janvier ? *« Cela fait plus d'un an que j'y pense… que j'analyse »*, souffle au téléphone la femme de Tomek, Anna. L'été qui a suivi le drame, elle s'est rendue au domicile d'Élisabeth Revol, dans la Drôme. Les deux femmes sont tombées dans les bras l'une de l'autre. L'une a perdu son mari, l'autre est la dernière à l'avoir vu vivant. Anna n'en veut pas à Élisabeth : *« C'était leur décision à tous les deux d'aller au sommet. »*

Le corps du Polonais, probablement décédé d'un œdème, est toujours sur la montagne. *« Je ne sais pas à quel moment j'ai commencé à te perdre, à quel moment tu as franchi le point de non-retour, si toi-même, tu l'as senti ? »* a écrit Élisabeth sur Facebook. Elle admet, un an et demi après le drame, une *« cascade de petites erreurs »*. *« À partir du moment où nous avons décidé de continuer, à 90 mètres du sommet, c'était déjà trop tard pour Tomek. »* Les alpinistes que nous avons interrogés évoquent tous une mauvaise acclimatation due à une montée trop rapide. Depuis la mi-janvier, Tomek n'était pas en forme. Il souffrait de problèmes digestifs – *« une bactérie »*, pensait-il. Dans son livre-témoignage publié en octobre 2019[1], Élisabeth Revol évoque l'autre « paramètre » qui les a poussés à continuer, à 90 mètres de la cime : *« [...] l'émotion attendue du sommet, le* feeling*, l'affectivité, le plaisir et la valeur que j'attribue à cette ascension. Je pense que Tom éprouve à ce moment la même émotion [...] »* L'alpiniste refuse pour autant de parler d'ivresse des cimes. Le professeur Richalet, spécialiste de la médecine de montagne, nous donne sa définition de cette attirance irraisonnée : *« Une variante de l'œdème cérébral : votre cerveau peut se dérégler de plein de façons, notamment en vous donnant une sensation de puissance. »*

1. Élisabeth Revol, avec la collaboration d'Éliane Patriarca, *Vivre*, Arthaud, Paris, 2019.

Anéantie par l'image du visage dévasté de Tomek, par la culpabilité d'être redescendue seule, Élisabeth Revol s'est maudite en attendant ses sauveteurs. *« Pourquoi être revenue quatre fois sur le Nanga Parbat, moi qui m'étais promis de ne jamais m'acharner sur une même cime*[1] *? »* Gravir des sommets relève d'une quête émotionnelle : *« À chaque fois que je suis en montagne, je suis libre, le temps n'a plus de prise »*, nous expliquait-elle. L'intensification de l'existence est l'une des raisons, la plus évidente sans doute, évoquées par les alpinistes. *« Ils recherchent quelque chose qu'ils ne peuvent pas éprouver dans le monde normal. Un sentiment d'exister, au sens quasi métaphysique »*, décrit Xavier Fargeas.

Grimper est aussi une façon d'échapper au poids de la condition humaine. *« Les embarras et les soucis de la vie, et aussi la vulgarité essentielle à toute société ploutocratique, sont laissés bien loin en bas, miasmes délétères répandus dans les bas-fonds des vallées fumeuses. Au-dessus, dans l'air limpide, où la lumière pénètre tout, les hommes vont de pair avec les dieux, ils peuvent se connaître et savoir ce qu'ils valent*[2] *»*, écrivait le Britannique Albert Frederick Mummery, mort à la fin du XIXe siècle sur le Nanga Parbat. L'alpiniste aspire ainsi à ne pas être un individu moyen, mais à signer son passage sur terre. C'est une satisfaction narcissique.

---

1. Élisabeth Revol, avec la collaboration d'Éliane Patriarca, *Vivre*, *op. cit.*

2. Albert Frederick Mummery, *Le Roi du rocher*, Hoëbeke, Paris, 1995.

La très haute altitude, sans oxygène, est pour un himalayiste une expérience initiatique, traumatique. Marcher au-delà de la « zone de la mort » implique nécessairement un dépassement de soi. *« On va dans un espace qui n'est pas celui des vivants »*, poursuit Fargeas. Aucun humain ne vit au-delà de 5 500 mètres d'altitude. L'ancien compagnon de cordée de Pierre Béghin, grand himalayiste français, parle d'un *« état de grâce »*. Lui a arrêté la haute montagne parce que sa perception du risque a totalement changé quand ses enfants sont nés. Il n'a connu que des échecs dans l'Himalaya, et en garde une nostalgie intense.

Quelques jours après notre première rencontre avec Élisabeth Revol, nous lui envoyons une citation de Paul Yonnet, sociologue et psychologue, auteur de *La Montagne et la Mort*[1]. *« Le sujet de l'alpinisme, c'est de tenter d'approcher la limite de la vie et de la mort, le point ténu où tout bascule, le moment où l'être humain se tient sur le fil du rasoir. »* Paul Yonnet ajoutait : *« Le but, évidemment, n'est pas de mourir, mais d'en prendre le risque volontairement et de revenir. »* Dans les récits mythiques de l'alpinisme, la mise en scène de cette confrontation rythme la narration. Frôler la mort donne du sens à la vie.

Nous demandons à Élisabeth ce qu'elle en pense. Nous l'interrogeons aussi sur ce que dit le docteur Champly, qui l'a soignée à l'hôpital de Sallanches : *« Les grands alpinistes sont habités par une passion qui nous dépasse*

1. Paul Yonnet, *La Montagne et la Mort*, Éditions de Fallois, Paris, 2003.

et n'ont pas la même approche de la mort que nous. » La Drômoise ne se reconnaît pas dans ces affirmations. *« On part là-haut pour vivre. Quand on sait que les risques existent, on aime encore plus la vie, même si on rentre parfois dépouillé, là-haut on ressent les choses.* [...] *Ces moments sont plus intenses que n'importe quel moment de vie ordinaire... Et pour moi, ce n'est pas tutoyer la mort que je cherche en partant là-haut, je n'y vais pas pour le danger, et mon objectif premier est de redescendre et ne pas prendre de risque. J'y vais pour retrouver le plaisir simple de la vie. Échapper à la routine, au rôle qui nous est préprogrammé quand nous naissons dans la société, du zéro risque... et aller vers l'inconnu, là où notre regard s'est posé et nos yeux ont scintillé... et peut-être aussi trouver mon moi intérieur, en me découvrant des capacités insoupçonnées, mais aussi en respectant mes faiblesses, mes limites. »*

L'alpinisme a toujours été une affaire d'hommes, *a fortiori* à haut niveau. La chercheuse Delphine Moraldo, auteure d'une thèse sur l'excellence en alpinisme, parle de *« masculinité héroïque »* pour qualifier ses valeurs viriles, de conquête. Lorsque nous avons épluché la base de données de l'Himalayan Database, qui répertorie les tentatives d'ascensions en hiver, seuls quelques noms de femmes sont apparus, dont celui de l'Italienne Nives Meroi, revenue du Makalu avec une cheville brisée à l'hiver 2007-2008. Élisabeth Revol n'est que la deuxième à avoir réussi un 8000 en cette saison, après Marianne Chapuisat. Les deux femmes ne se connaissent pas, c'est nous qui racontons à Élisabeth le parcours de la Suissesse de 50 ans.

Marianne Chapuisat est une brune avenante, longue silhouette fine et musclée, peau hâlée. Par une belle journée de printemps, elle nous donne rendez-vous devant la piscine de Pully, à côté de Lausanne, ville où elle enseigne le sport et le français. La terrasse de la cafétéria, à côté des bassins où elle compte faire quelques longueurs un peu plus tard, est un avant-poste de choix pour observer les montagnes du Chablais plonger dans les ondoiements du lac Léman. Marianne Chapuisat choisit un café et la place au soleil. Notre appel téléphonique l'avait étonnée. Bien peu des alpinistes à qui nous avons mentionné sa mémorable ascension de 1993 connaissaient son nom. Sur Internet, hormis une ligne sur Wikipédia, sa première hivernale n'a guère laissé de trace. Régulièrement, pourtant, son exploit refait surface dans sa vie et ça l'amuse : rapproché de son quotidien et de ses problèmes de santé, ce souvenir lui semble appartenir à une autre vie.

Fin 1992, la Suissesse n'a que 23 ans et ne s'est jamais élevée plus haut que la cime de l'Aconcagua (6 960 mètres), l'année d'avant. Parce que sur cette montagne elle est tombée amoureuse d'un guide argentin, Miguel « Lito » Sánchez, qui lui a proposé de se joindre à une expédition espagnole, elle s'apprête à gravir en plein hiver le Cho Oyu par la voie normale. Elle ignore tout des conditions hivernales en Himalaya. Elle ne sait même pas qu'aucune femme n'y a jamais réussi d'ascension en cette saison. C'est Elizabeth Hawley, chroniqueuse des expéditions himalayennes, qui le lui a annoncé à son retour à Katmandou. *« J'ai bénéficié de la chance du débutant »*, minimise la Suissesse.

Marianne Chapuisat a abordé ce 8 188 mètres, sixième plus haut sommet du monde, comme un joyeux voyage de colo. Avant de partir, elle déjeune avec Nicole Niquille, première femme suisse à avoir obtenu son diplôme de guide. Cette dernière lui donne quelques conseils : *« Ne pas chercher la vitesse, ne jamais se mettre dans le rouge, ne pas se laisser impressionner par le potentiel des hommes à nos côtés, suivre son propre rythme. »* Le budget est serré. Ils ont peu de matériel, pas de téléphone satellite, pas de bulletin météo. Le sirdar, qui gère les porteurs, doit même prêter son duvet à la jeune femme. De Katmandou, ils prennent le bus jusqu'au dernier arrêt, Jiri. Puis marchent un mois dans la neige pour atteindre le camp de base, le 13 janvier, à 5 070 mètres. À cause du gel et de la raideur des pentes, les yaks ont dû faire demi-tour ; il faut donc porter tout l'équipement sur le dos. De cette marche d'approche, la Suissesse garde l'image des Tibétains fuyant le régime chinois en haillons et chaussettes de laine par les cols frontières, quand eux étaient équipés de Gore-Tex et de crampons. Bouleversante rencontre. *« On avait tout ce qu'il fallait pour concrétiser notre rêve, alors qu'ils étaient là par contrainte politique, sans ressources, dans des conditions d'exode à faire pleurer... »* Ils passent aussi devant le corps d'une femme vêtue d'une robe, morte dans l'exil. Ils le recouvrent. *« Cela nous a renvoyés à l'absurdité d'aller gravir des montagnes, comme un luxe inutile ou un petit caprice de nantis. »*

Dernière d'une fratrie de quatre enfants, la Suissesse a grandi dans une famille de marcheurs qui se déplaçait sans voiture – l'origine sans doute de son endurance, dopée par un cœur à faire biper les appareils des salles de réveil (entre trente-trois et trente-cinq pulsations par minute au repos !). Très tôt, elle pratique l'athlétisme en compétition, parallèlement à la montagne, dans les cantons de Vaud et du Valais. Sa découverte de la très haute altitude dans l'Himalaya, après l'Aconcagua, se fait dans une quasi-inconscience de ses dangers. *« Je n'avais pas encore vécu la disparition de copains ni lu de récits dramatiques... Je n'avais pas la conscience du fil ténu sur lequel nous évoluons dans ce milieu de la haute altitude. »* Marianne Chapuisat dit l'avoir réalisé plus tard. *« Si je pouvais écarter le danger en montagne, je le ferais, mon plaisir ne provient pas de l'engagement ou de la prise de risques. »* En marchant jusqu'au pied du Cho Oyu, avec six compagnons espagnols et Lito, la Suissesse ne sait donc pas ce qu'implique l'expérience de l'Himalaya en hiver. Elle se souvient du vent, de la brièveté des journées, d'une absolue tranquillité, et surtout d'un froid glacial qui ne leur a laissé aucun répit. La bouche se paralyse, au point que l'on peine à parler, les cils et les cheveux gèlent, les mains ne semblent plus réagir... *« Un froid redoutable, insidieux, qui se glisse partout. »* Ironie de l'histoire, Marianne Chapuisat n'y est pas adaptée. Le syndrome de Raynaud, un trouble de la circulation sanguine, l'assaille dès que sa température descend de quelques degrés. Petite, on l'avait privée de natation : elle devenait bleue au contact de l'eau. Aujourd'hui encore, attraper trois yaourts dans un frigo de supermarché ou plonger les mains dans de l'eau fraîche pour laver une salade l'indispose.

Le 10 février, Marianne Chapuisat, Lito et Luis Arbues se photographient sur le sommet du Cho Oyu, en imitant l'étreinte de Messner et Kammerlander au même endroit en 1983. La Suissesse s'imaginait devoir terminer à quatre pattes, se traîner sur les derniers mètres, mais si elle peut se fier à ses souvenirs, fragilisés par le manque d'oxygène, elle a été étonnée d'être si bien, lucide, d'apprécier. *« Plus de vingt ans après, je peux presque sentir encore mes jambes trembler d'émotion, avec l'incroyable sentiment d'atteindre un point dont on ne peut que redescendre. »* Marianne Chapuisat dit avoir ressenti, sur ce dôme rond, plat, *« bon enfant »*, un « satori[1] », *« une minute de plénitude qui donne l'impression d'imploser de bonheur »*. Lito est à ses côtés. *« À ce moment-là, j'imaginais, en termes d'intensité émotionnelle pour un couple, que seule l'aventure de la maternité aurait pu approcher cette vibration commune[2]. »*

Marianne Chapuisat n'a pas connu d'autre expérience hivernale en Himalaya. Mais gravir des 8000 – le Cho Oyu, les Gasherbrum I et II, le Nanga Parbat – lui a donné une forme de confiance en soi. Elle cite

1. Terme japonais exprimant le concept zen de l'illumination, l'éveil spirituel.

2. Marianne Chapuisat, « Le corps à l'épreuve, entre effort et altitude : un abécédaire », *in Faire corps. Temps, lieux et gens*, Monica Aceti, Christophe Jaccoud, Laurent Tissot (éds), Éditions Alphil-Presses universitaires suisses, Neuchâtel, 2018.

le concept pascalien de grandeur et de petitesse de l'homme : *« Il y a d'un côté la confiance procurée par l'escalade des plus hautes montagnes et, de l'autre, la conscience de notre grande fragilité, de notre extrême vulnérabilité. Je crois que cela incite à l'urgence de vivre pleinement, d'apprécier chaque instant comme un cadeau. »*

Le 23 mai 2019 au soir, nous découvrons, stupéfaites, qu'Élisabeth Revol a réussi l'Everest. L'équipementier Valandré, son sponsor, chez qui elle est désormais représentante, annonce qu'elle l'a gravi sans oxygène, dans l'embouteillage printanier généré par les expéditions commerciales. Le lendemain, elle est sur la cime voisine du Lhotse. Revol n'a pas annoncé son ascension : elle s'est préparée en toute discrétion. Ce sont *« des vacances, un trip perso »*, répond-elle à *Libération*. On sait que l'Everest était son rêve de gosse. Deux semaines plus tard, son sponsor est obligé de rétropédaler devant les questions des journalistes : l'alpiniste a bien utilisé de l'oxygène, contrairement à ce qui a été écrit partout dans la presse et qu'elle et son entourage n'ont pas démenti… Il n'empêche. Ses proches avaient bien essayé de la retenir, l'appel des cimes a été plus fort. Élisabeth est bien retournée « grimper des montagnes ». *« Il fallait que j'y aille »*, nous a-t-elle confié fin 2019.

La suite de notre enquête nous a menées sur les traces de Tomek, en Pologne, berceau de l'himalayisme hivernal. Là-bas, le relief culmine à seulement 2 503 mètres, mais même les grimpeurs amateurs connaissent les noms de ceux qui, à l'hiver 1980, ont fait la gloire du pays, des Polonais étant les premiers sur un 8000 à cette époque de l'année. Dans ce pays qui a vu naître les « guerriers des glaces », la question « Pourquoi grimpent-ils ? » nous a plus que jamais taraudées. Et des amorces de réponses nous ont été données. Quand on a interrogé Adam Bielecki sur son rapport à la mort, le jeune alpiniste a comparé l'escalade à une simple sortie en voiture. *« Vous conduisez ? Savez-vous combien de personnes meurent chaque jour d'un accident de voiture ? Est-ce que vous y pensez chaque fois que vous prenez le volant ? »* Tenzing Norgay, premier homme à avoir gravi l'Everest avec Edmund Hillary, utilisait déjà en son temps cette image devenue cliché : *« En se promenant sur une route, on peut facilement avoir un accident. Alors, pourquoi aurais-je peur en montagne*[1] *? »* Dans le minibus sans ceinture de sécurité qui nous conduit à Wroclaw, à l'ouest de la Pologne, et qui double dangereusement chaque voiture sur une étroite deux-voies bordée d'arbres, tout en frôlant des cyclistes, nous ne pouvons pas nous empêcher d'imaginer que nous pourrions périr en un instant, pulvérisées dans un fracas de véhicules, à plus de 1 000 kilomètres de chez nous. Une guirlande de peluches encadre le pare-brise du minibus, elle semble disposée comme une amulette, pour conjurer le risque. En la regardant bringuebaler de droite à gauche à chaque embardée, nous nous disons que la réponse d'Adam cache autre chose.

---

1. James Ramsey Ullman, *Tenzing de l'Everest*, Arthaud, Paris, 1955.

Chapitre 2

L'invention de l'hiver

Ce sera donc le pilier sud de l'Everest, au printemps 1980, et non en hiver. Ainsi en ont décidé les autorités népalaises ! La mort dans l'âme, Andrzej Zawada, un géophysicien de 52 ans au long corps nerveux, chargé de mener une expédition polonaise sur le toit du monde, 8 850 mètres, se résout à ce qui n'est qu'un second choix. Sa vision à lui, mûrie des années durant ? Gravir le géant himalayen en hiver, une folie que personne n'a encore tentée.

« Andrzej était très charismatique et déterminé. Il disait : "C'est notre idée, faisons-le" », se souvient, dans un bon français, sa veuve, Anna Milewska, poétesse et actrice à la beauté classique. Andrzej Zawada – qui sera emporté par un cancer en 2000 – n'a alors qu'une obsession : inscrire son pays dans l'histoire de l'alpinisme. Ce fils de diplomate le sait, il n'y arrivera pas en hissant « simplement » des hommes sur un sommet maintes fois atteint depuis sa conquête en 1953, fût-il le plus haut de la planète. D'autant qu'en

1978 une première Polonaise a escaladé l'Everest à l'automne : Wanda Rutkiewicz, alpiniste surdouée, au caractère impétueux. Le jour même, son compatriote Karol Wojtyla devenait le pape Jean-Paul II. Sacré début de revanche pour un pays laminé par la Seconde Guerre mondiale, pris en étau entre ses deux puissants voisins, l'Allemagne et la Russie.

La Pologne est passée à côté de toutes les grandes premières dans l'Himalaya et le massif du Karakoram, où culminent les quatorze plus hauts sommets du globe. Les Français, conduits par Maurice Herzog, ont été les premiers à gravir un 8000, l'Annapurna, en 1950 ; l'Empire britannique a eu l'Everest en 1953 ; les Allemands ont pris le Nanga Parbat la même année ; le K2 est revenu aux Italiens en 1954... Quant aux hivernales dans les Alpes, Français et Britanniques ont « coché » les plus emblématiques dans les années 1960. Qu'à cela ne tienne, les alpinistes polonais, fédérés en un maillage de clubs régionaux, ont encore une carte à jouer. Aucun des pics de plus de 8 000 mètres n'a été gagné à la froide saison : autant commencer par le plus élevé !

Depuis sa découverte au XIXe siècle, l'Everest, dénommé Chomolungma en tibétain, la « déesse mère des vents », aimante tout ce que la terre compte d'explorateurs ou de doux rêveurs. Est-ce parce que les Népalais voient en cette montagne reposant à moitié sur leur pays, à moitié sur le Tibet, *« le socle élevé qui rapprochait l'homme de Dieu*[1] *»* ? D'autres parois ont

1. Roger Frison-Roche et Sylvain Jouty, *Histoire de l'alpinisme,* Arthaud, Paris, 1996.

beau présenter des défis bien plus techniques, « faire l'Everest » reste un accomplissement à part, de l'ordre de l'irrationnel. Les hommes s'y sont repris à plusieurs fois, de 1921 à 1953, avant que le Néo-Zélandais Edmund Hillary et le Sherpa Tenzing Norgay, emmenés par le général John Hunt, ne gagnent son sommet. *« La plus haute montagne du monde sera toujours "la plus", "l'unique", celle dont rêve tout alpiniste »*, observe Andrzej Zawada[1], lui qui n'était qu'un tout jeune grimpeur quand les Britanniques l'ont conquise. *« J'ai regretté, à ce moment-là, de ne plus pouvoir être le premier à atteindre le sommet de l'Everest. Un peu de mes rêves d'adolescent m'est resté pour toute la vie. »*

Dès les années 1920, les journalistes du *New York Times* demandaient au Britannique George Mallory qui s'apprêtait à relever le défi : *« Pourquoi ? »* La réponse de l'aventurier, dont le cadavre congelé repose sur l'Everest, est aussi célèbre que laconique : *« Parce qu'il est là. »* Longtemps, les Britanniques ont eu le monopole sur cette montagne, grâce à l'accès exclusif *via* le Tibet que leur accordait le dalaï-lama. Il faudra attendre l'ouverture des frontières du Népal en 1950 pour que le terrain de jeu glacé s'offre enfin à d'autres nations. Depuis, tel un palimpseste, l'histoire de cette montagne se réécrit à l'infini : première tentative, première au sommet, première sans oxygène, première hivernale, premier sprint… Elle ne cesse d'exciter l'imagination des alpinistes. Et si Hillary et Norgay n'étaient pas les premiers à avoir atteint le sommet ?

1. *Vertical*, Grenoble, décembre 1986.

Depuis que ses flancs sont arpentés par les alpinistes, deux cent quatre-vingt-une personnes[1] ont péri sur l'Everest, et il n'est pas rare de croiser le corps d'un alpiniste décédé lors de l'ascension. Comme le résumait le sociologue et psychologue Paul Yonnet, sur l'Everest, *« on marche au milieu des morts, on monte sur les morts. On marche à la mort, aussi*[2] *»*.

L'hiver, le vent souffle avec la violence d'un ouragan, la température peut plonger à – 40 °C. Sans compter que les journées courtes limitent la progression et exposent dangereusement les alpinistes au manque d'oxygène, lot de toute ascension himalayenne. Dès le camp de base, les corps sont ralentis. Au sommet, l'air est trois fois moins lourd en molécules d'oxygène qu'au niveau de la mer.

Quand, à la fin des années 1970, Andrzej Zawada supplie l'administration népalaise de le laisser partir à cette saison, le Polonais se garde bien d'évoquer ces périls. Ses missives louent, au contraire, le caractère unique d'une telle épopée et les perspectives qu'elle ouvrirait pour l'alpinisme moderne. En novembre 1977, l'habile négociateur se rend en personne à Katmandou, capitale du royaume himalayen, pour plaider sa cause. C'est peine perdue. Les officiels népalais ne savent comment traiter une demande qui déroge à tous les principes alors en vigueur dans l'Himalaya : on grimpe avant la mousson, qui survient au

1. De 1953 à 2018, selon l'Himalayan Database.
2. Paul Yonnet, *La Montagne et la Mort*, *op. cit.*

début de l'été, ou bien après, à l'automne. Quelle idée de vouloir le faire entre ces deux fenêtres ! *« Toutes les précédentes expéditions engagées sur l'Everest considéraient que les rudes conditions hivernales commençaient fin octobre, rendant impossible toute poursuite de l'ascension*, raconte Andrzej Zawada. *C'est pourquoi elles se retiraient de la montagne à ce moment de l'année*[1]. *»*

Le géophysicien est confiant : il connaît les rigueurs de cette saison pour les avoir déjà éprouvées dans les Tatras, la chaîne de montagnes du sud de la Pologne, où tous les alpinistes du pays ont fourbi leurs armes. Au cœur de l'hiver 1959, à la tête d'une équipe de six hommes, n'a-t-il pas traversé les crêtes du massif pendant trois semaines ? Le plus haut sommet polonais a beau ne culminer qu'à 2 503 mètres, la tradition montagnarde se transmet de génération en génération, et depuis 1907 dans la revue d'alpinisme *Taternik*.

*« Au XIX*e *siècle, les montagnards qui vivaient dans les Tatras étaient considérés comme des gens libres, indépendants. Artistes, écrivains, politiques... toute l'intelligentsia se rendait là-bas l'été »*, nous explique Andrzej Paczkowski, historien et président de la Fédération polonaise d'alpinisme de 1974 à 1995, dans le très chic salon de thé de l'hôtel *Bristol*, au cœur du quartier de l'université de Varsovie. Littérature, poésie, peinture... la mythologie des montagnes entre dans la culture polonaise à cette même époque.

1. *The Alpine Journal*, Londres, 1977.

Par la force des choses, le massif est devenu le berceau des hivernales. « *Les Tatras en hiver, c'est ce qui ressemble le plus aux Alpes. Pour être considérés comme de bons alpinistes, les Polonais devaient faire des ascensions dans les Tatras l'hiver. C'est comme ça que l'escalade à cette saison est devenue quelque chose de normal dans leur esprit* », poursuit Paczkowski. Adam Bielecki, jeune star de l'alpinisme, né en 1983, y a lui aussi fait ses classes : « *L'été, il n'y a pas de neige. En hiver, par contre, avec le mauvais temps, les Tatras changent de caractère. Elles deviennent des montagnes dangereuses. Avalanches, grandes parois, routes difficiles : elles ont tout, si ce n'est un glacier.* »

Le rêve d'hiver d'Andrzej Zawada se précise en février 1973, quand il se rend en tandem, avec le très expérimenté Tadeusz Piotrowski, tout en haut du Noshaq, 7 492 mètres, dans le massif de l'Hindou Kouch, en Afghanistan. Pour la première fois, des hommes dépassent 7 000 mètres à cette époque de l'année. « *Après cette expédition, j'ai tout de suite songé à l'Everest. Mais à l'époque, il était trop tôt, à tout point de vue. Avant toute chose, il fallait examiner les conditions atmosphériques hivernales dans la région de l'Everest*[1]. » C'est chose faite l'année suivante, en 1974, sur le Lhotse, quatrième plus haut sommet du monde, qui jouxte l'Everest. Zygmunt Andrzej Heinrich et lui sont alors les premiers grimpeurs à franchir la barre des 8 000 mètres en hiver. Question

1. *Vertical*, Grenoble, décembre 1986.

difficulté, Zawada est servi. La traversée de la cascade de glace, au pied de l'Everest et du Lhotse, lui donne un avant-goût de l'ambiance apocalyptique qui règne en cette saison. *« Le vent balayait la neige hors des crevasses qui devenaient alors de plus en plus larges et profondes. Des ponts de glace s'effondraient et les immenses séracs tombaient*[1]. » L'expédition prend un tour tragique quand Stanislaw Latallo, jeune cameraman, meurt d'épuisement.

Comme les pionniers américains avaient foi en leur « destinée manifeste », Zawada croit ses compatriotes capables de repousser toutes les frontières. *« Il était persuadé que nous, Polonais, étions des grimpeurs à part »*, résume au volant de sa voiture l'himalayiste Piotr Pustelnik, 70 ans, sur la route qui relie la commune de Stronie Slaskie à la petite station de ski de Sienna, non loin de la frontière tchèque, qu'il a choisie comme cadre pour notre entrevue. Comme nombre d'alpinistes de son temps et de sa nation – Andrzej Zawada, Wojciech Kurtyka, Wanda Rutkiewicz… –, Pustelnik a une formation universitaire d'ingénieur : *« Grimper est une activité pratique. »*

Il est l'une des figures de l'âge d'or de l'alpinisme polonais, tel que le décrit la Canadienne Bernadette McDonald dans son récit culte, *Libres comme l'air*[2]. Selon elle, la montagne servait d'échappatoire à l'ennui

1. *The Alpine Journal*, Londres, 1977.
2. Bernadette McDonald, *Libres comme l'air*, Nevicata, Bruxelles, 2014.

et à la dureté du quotidien en Pologne, alors sous le joug communiste. Cette thèse romanesque fait sourire l'historien Andrzej Paczkowski : *« Que l'on vive sous le capitalisme ou le communisme, à New York ou à Moscou, chacun veut échapper au quotidien et cherche sa liberté ! »*

Piotr Pustelnik s'est lancé à corps perdu dans l'alpinisme en premier lieu pour fuir sa condition de petit malade. Lorsqu'il avait 12 ans, ce fils unique, choyé par un père professeur et une mère employée des postes, a passé trois mois à l'hôpital à cause d'un grave problème cardiaque. À son chevet, sa mère lui apportait des récits d'expéditions vers les pôles et en montagne. *« Je me suis dit, voilà ce que je veux faire : explorateur. »* Dès que son état de santé le lui a permis, le gamin chétif s'est mis à grimper des collines, puis les Tatras, et à rêver d'ailleurs. *« Vivre en Pologne dans les années 1970-1980, c'était comme évoluer dans un film en noir et blanc, avec des perspectives très terre à terre. Dans les magasins, il y avait si peu de choses à acheter... La vie était primitive, les gens étaient comme des fourmis »*, se souvient Piotr en sirotant un café dans le bar imitation chalet où une radio crache de la variété, au pied des pistes de Sienna. Les skieurs à la démarche de pingouin vont et viennent, deux d'entre eux le reconnaissent et font une blague que nous ne saisissons pas immédiatement – il est question de l'alpiniste italien Reinhold Messner et du yéti.

Zawada a bien essayé à plusieurs reprises d'embarquer Pustelnik dans une hivernale, mais le grimpeur au visage aiguisé a toujours refusé. *« Ce n'était pas mon état d'esprit. Je suis trop impatient. Je n'avais pas envie de me geler les fesses au camp de base dix-huit heures par jour pendant trois mois... C'est comme une prison dont on ne peut pas s'échapper. »* Pustelnik a préféré s'en tenir à son programme : gravir les quatorze 8000 de la planète.

L'opiniâtreté de Zawada finit par porter ses fruits. Au cœur de l'automne 1979, alors qu'il n'y croit plus, le Népal lui accorde un permis d'ascension pour l'Everest l'hiver. *« Andrzej était fou de joie, enfin son idée d'hivernale prenait vie ! Il souhaitait vraiment réussir »*, se souvient Anna Milewska, qui nous reçoit dans la salle à manger de son coquet appartement d'un quartier résidentiel de Varsovie, loin des tours démentielles du centre-ville. Partout au mur, des photos de son mari. Zawada en costume, Zawada en chapka et parka, Zawada chemise ouverte... Un masque coloré aux dents démesurées rapporté du Népal nous surplombe. Anna, petites lunettes en demi-lune et impeccable chignon blanc, dévoile, dans une autre pièce, les reliques de l'Everest : grosses chaussures fourrées à lacets couleur bordeaux, drapeau népalais rapporté du sommet...

« L'autorisation est arrivée si soudainement, le 22 novembre 1979 ! Le ministère des Sports polonais a vite débloqué l'argent pour l'avion jusqu'à Katmandou. C'était le bazar, on s'est précipités pour faire les bagages, on n'a pas eu le temps d'avoir peur ! » dit Anna Milewska, restée quelque temps au

camp de base. À la hâte, Zawada, désormais doté de deux permis d'ascension, un pour le printemps, un pour l'hiver, dresse la liste des quarante meilleurs grimpeurs nationaux, à qui il soumet un questionnaire. *« Voulez-vous partir sur l'Everest cet hiver, au printemps, ou les deux ? »*

Le chef d'expédition rêve d'enrôler Jerzy Kukuczka, étoile de l'alpinisme née à Katowice, grand centre industriel du sud de la Pologne. Celui qui vient de boucler une ascension sur le Lhotse préfère décliner l'invitation : la naissance de son premier fils est imminente[1]. Ce n'est que partie remise. L'alpiniste connu pour son appétit d'ogre, même en altitude, rejoint Zawada au printemps sur l'Everest, où il ouvre une nouvelle voie par le pilier sud. Et très vite la future sommité de l'himalayisme affiche ses ambitions en hiver. *« Il voulait deux hivernales dans la foulée, le Dhaulagiri et le Cho Oyu, un projet dément, envisageable seulement en rêve... »*, raconte Malgosia Fromenty, journaliste polonaise installée à Paris, dans ses mémoires, *Verticales polonaises*, qu'elle a bien voulu nous faire lire.

Le « projet dément » se concrétise. Fidèle à son souhait, Kukuczka enchaîne les deux 8000 en 1985. Adam Bilczewski, l'oncle de Malgosia Fromenty, est le chef de l'expédition au Dhaulagiri (8 167 mètres), ce qui permet à la jeune femme d'aller au camp de base : *« C'était une expédition lourde, traditionnelle, de quinze hommes forts et rudes. Les conditions*

---

1. Bernadette McDonald, *Libres comme l'air*, *op. cit.*

extrêmes, les jours très courts, le thermomètre baissait implacablement, le vent giflait à 150 km/h, parfois plus... J'étais responsable du ravitaillement, magasinière, cantinière et serveuse à 4 600 mètres. » Un jour de soleil, Malgosia Fromenty entreprend de se laver les cheveux : *« Ils se sont changés en stalactites ! »* Kukuczka l'intransigeant fait la leçon à ses coéquipiers : *« Messieurs, c'est l'hiver, il faut travailler indépendamment des conditions et il ne faut pas attendre le beau temps ni un soleil quelconque. L'hiver, c'est l'hiver.* » Cette force de la nature prend goût à la rudesse de ces périples et ravit deux autres premières hivernales : le Kanchenjunga en 1986 et l'Annapurna l'année d'après.

Zawada se console de l'absence de Kukuczka à l'Everest en hiver avec une liste de vingt alpinistes. Cinq sherpas seront recrutés sur place. Parmi les plus jeunes du groupe figurent Krzysztof Wielicki et Leszek Cichy, tous deux âgés de 29 ans. Wielicki, petit gabarit de 1,65 mètre, moustachu, diplômé de l'École polytechnique de Wroclaw, comme deux autres grimpeurs talentueux, Wanda Rutkiewicz et Wojciech Kurtyka, a bien failli ne jamais être choisi. Sur liste d'attente, l'ingénieur en électronique doit sa participation au désistement de trois hommes, pour motifs personnels. Wielicki a traversé les Tatras en hiver, mais c'est la deuxième fois seulement qu'il rejoint une expédition himalayenne. Six mois plus tôt, le jeune homme a vu mourir sur la face sud de l'Annapurna un membre de son équipe, Jozef Koniak, étranglé par sa propre corde lors d'une chute. Wielicki est rentré chez lui avec des gelures aux pieds si graves qu'elles ont nécessité des greffes de peau. Ses blessures sont encore vives, mais qu'importe, il accepte sans hésiter l'offre de Zawada.

« C'était un chef très humain, qui transmettait beaucoup d'énergie positive », se remémore Wielicki au téléphone. Pas de place pour l'introspection ou les états d'âme chez ces « guerriers des glaces », comme on les surnomme. Nul ne sait qui a utilisé en premier cette formule que Krzysztof Wielicki glisse dès qu'il le peut en interview. L'historien Andrzej Paczkowski croit savoir qu'elle est tirée d'une série de science-fiction britannique diffusée dans les années 1960, mettant en scène des *ice warriors*... Pour donner corps à leurs récits, les grimpeurs polonais piochent volontiers dans le champ lexical de l'héroïsme.

Wielicki jure qu'il ne pensait pas au sommet quand il est parti : *« J'étais juste là pour travailler pour l'équipe. Bien sûr, à la fin de l'expédition, j'ai vu que les conditions étaient très bonnes et que je pourrais le faire. Mais au départ, j'étais persuadé que tous les autres étaient plus expérimentés. »* Comme nombre de ses amis, celui qui deviendra le cinquième homme à avoir gravi les quatorze plus hauts pics du monde a très vite renoncé à sa carrière d'ingénieur pour se consacrer exclusivement à la montagne. Wielicki pouvait se le permettre, car le pouvoir soutenait et finançait en partie les expéditions nationales. Ce qui n'avait pas toujours été le cas.

« À l'époque stalinienne, l'alpinisme posait problème au régime car ce n'était pas un sport de masse, souligne l'historien Andrzej Paczkowski. *Mais après le dégel politique de 1956, la suspicion idéologique s'est atténuée. Il n'y avait plus d'obstacle politique à partir du moment où les grimpeurs commençaient à être connus et cités à l'étranger. Dès les années 1960, il y avait une vraie structure, avec un plan annuel de financement des clubs régionaux. »*

La discipline rentre un peu plus encore dans le rang avec la création d'une Fédération polonaise d'alpinisme en 1974. Et alors que chaque déplacement à l'étranger relève du casse-tête pour le quidam, les autorités laissent partir les grimpeurs pendant des mois, d'abord dans le massif du Pamir, qui fait partie de l'URSS, puis dans les hautes montagnes de l'Hindou Kouch, en Afghanistan et, enfin, dans l'Himalaya. Néanmoins, les subsides de l'État ne suffisent pas à couvrir les frais de tels voyages. Pour boucler leur budget, les alpinistes doivent redoubler d'ingéniosité. Entre deux expéditions, ils peignent sans échafaudage, à l'aide de cordes, les cheminées des usines de Silésie, au sud du pays, une tâche qui rapporte gros. Ces ouvriers improvisés se découvrent aussi un talent certain pour la contrebande. *« Les expéditions étaient financées à 40 % par ce biais-là »*, affirme Jerzy Porebski, réalisateur et producteur de films, fin connaisseur de cette période. Lorsqu'ils se rendent en Asie, les alpinistes polonais planquent au milieu de leur équipement tout un bric-à-brac qu'ils écoulent ensuite en Afghanistan, au Népal et au Pakistan : chaussures, cristal de Bohême, whisky… *« Une fois à Katmandou, il fallait vider les camions et faire le tri, séparer le matériel pour la montagne de la marchandise à écouler. Ça prenait une semaine ! »* se souvient la journaliste Malgosia Fromenty. Et quand les devises manquaient sur place, par intérêt plus que par goût, les Polonais n'hésitaient pas à inviter des alpinistes d'autres pays à se joindre à leurs expéditions.

Krzysztof Wielicki ne cache pas sa nostalgie pour cette époque : *« Nous avions des difficultés pour sponsoriser nos expéditions, mais aucun problème d'équipe. Aujourd'hui, c'est l'inverse »*, déplore celui qui a vu se déchirer le groupe qu'il dirigeait à l'hiver 2018 sur le K2. Dans les années 1980, le succès, comme l'effort, se devait d'être collectif. *« Peu importait qui irait au sommet de l'Everest, nous étions une équipe. Encore plusieurs années après l'ascension, personne ne disait "c'est Cichy ou Wielicki qui est arrivé au sommet", mais "ce sont les Polonais". »*

Dans le bar de l'hôtel *Mercure* du centre de Varsovie, Leszek Cichy, regard bleu clair et énormes pognes proportionnelles à son impressionnante carrure, nous montre le film de l'expédition de 1980 sur son ordinateur. Le grain de l'image est quelque peu jauni, on y voit des hommes d'un autre temps en grosses doudounes rouges en train de monter des tentes. Le visage de Leszek s'illumine en évoquant l'ambiance de l'expédition, *« la meilleure que j'ai connue de toute ma vie »*. Quand cet ingénieur, encore un – *« les littéraires restent au camp de base »*, plaisante ce diplômé de l'École polytechnique de Varsovie –, signe pour l'Everest, il s'est déjà frotté à trois 8000 :

Gasherbrum II, K2 et Makalu. *« Pour l'Everest, il a fallu se préparer très vite, Andrzej Zawada tenait absolument à ce qu'au moins une partie des grimpeurs arrive au camp de base avant le 31 décembre. »*

Depuis Varsovie, Zawada expédie par les airs cinq tonnes d'équipement et de nourriture à Katmandou. La cargaison est ensuite transférée vers le minuscule aéroport népalais de Lukla, avant-poste de l'Everest. Fin décembre, les yaks chargés de matériel et un groupe d'alpinistes atteignent le monastère de Tengboche, dans la région du Khumbu. Les lamas, moines bouddhistes, y pratiquent une *puja*, rituel incantatoire pour que tout le monde reste en vie.

Anna Milewska, l'épouse d'Andrzej Zawada, se souvient du trek jusqu'au pied de la montagne : *« Une fois au camp de base, on m'a donné de l'oxygène car j'étais agitée, frappée par l'euphorie des cimes. Comme j'étais très fatiguée, je suis allée me coucher dans la tente que je partageais avec mon mari. À mon réveil, il m'a demandé : "Tu sais combien de temps tu as dormi ? Deux jours !" L'ambiance était très agréable, on se retrouvait tous dans la tente où l'on faisait la cuisine. Je suis restée dix jours au camp de base, avant d'être rappelée à Varsovie pour un rôle dans une pièce de théâtre. »*

Le 4 janvier 1980, les troupes sont au complet. Un village de dix-huit tentes occupe le pied du glacier de Khumbu. Il n'y a pas âme qui vive aux alentours. Zawada, qui met un point d'honneur à rendre les lieux aussi confortables que possible, a même pensé à apporter une baignoire. En plastique, elle ne résiste pas longtemps au gel et est remplacée par une grande bassine en aluminium achetée à Katmandou. Dans la tente qui abrite la cuisine, des blocs de glace fondent en permanence sur le feu. Deux immenses antennes radio de 20 mètres transmettent chaque jour au reste du monde l'avancée de l'expédition et réceptionnent les messages des familles.

Dans un premier temps, l'hiver tant redouté semble, somme toute, surmontable. *« La première semaine, il y avait du soleil, et même s'il faisait froid, le temps était sec, il n'y avait pas de vent »*, décrit Leszek Cichy. Les températures chutent tout de même jusqu'à – 24 °C dans le camp. *« On devait entrouvrir les tentes, sinon elles gelaient de l'intérieur au petit matin, à cause de la respiration et de la vapeur produite lorsqu'on cuisinait. »*

Sans bulletin météo détaillé ni visibilité vers le sommet, les grimpeurs n'ont aucune idée de ce qui les attend là-haut. Pas de quoi inquiéter les hommes qui s'engagent sans peur sur la montagne. Il y a bien le délicat passage de la cascade de glace, qui nécessite l'installation d'échelles, mais une fois cet obstacle franchi, ils progressent sans peine. En onze jours à peine, trois camps sont établis. C'est ensuite que l'hiver himalayen éclate dans toute sa fureur. Des vents hurlant à 200 km/h se lèvent et déchirent les toiles de tente comme des Kleenex. À partir de 7 150 mètres, au camp 3, commencent les vraies difficultés. Les

Polonais découvrent avec stupeur qu'en cette saison il y a finalement peu de neige sur les parois, comparativement à l'été où les chutes de neige sont fréquentes en raison de la mousson. Les violentes rafales se sont chargées de décoller le mince manteau blanc qui a bien voulu se former. Au-dessus du camp 3, les alpinistes se retrouvent face à un mur de glace. *« Il n'y a aucune couche de neige où nos pieds pourraient prendre appui*[1] *»*, se désole Zawada.

Seulement 850 mètres les séparent du col Sud, le replat où ils établiront le dernier camp avant de s'élancer vers le sommet. *« Mais à cette altitude et dans ces conditions, grimper ces 850 mètres était à peine envisageable. »* À ce stade, seuls quatre hommes, Walenty Fiut, Zygmunt Andrzej Heinrich, Leszek Cichy et Krzysztof Wielicki, sont encore en état de progresser. *« À la fin de l'expédition, beaucoup de grimpeurs étaient malades ou blessés, ils toussaient beaucoup à cause de l'air froid et sec »*, précise Cichy.

Un membre de l'équipe, Krzysztof Zurek, doit même être rapatrié d'urgence en Pologne après s'être disloqué l'épaule en tombant dans une crevasse près du camp 2. Andrzej Zawada s'en remet aux derniers vaillants : *« J'étais persuadé que la barrière qui les empêchait d'atteindre le col Sud était uniquement psychologique*[2]*. »*

À l'aide de cordes fixes, les forçats de la montagne mettent presque un mois à surmonter l'obstacle.

---

1. *The Alpine Journal*, Londres, 1984.
2. *Ibid.*

À 7 904 mètres, le col Sud, immense plateau battu par les bourrasques, se dévoile dans toute sa désolation. Le thermomètre affiche – 40 °C. Les vents déchaînés ont mis au jour une décharge à ciel ouvert : tentes abandonnées, bouteilles d'oxygène vides, vieux réchauds… Le 11 février, ils ne sont plus que trois dans ce no man's land : Fiut, Cichy et Wielicki. Après avoir déposé du matériel, Cichy repart vers le confort tout relatif du camp 3. Fiut et Wielicki passent une nuit sans sommeil, agrippés à la seule petite tente qu'ils ont réussi à monter dans la tempête. Même le valeureux Zawada commence à douter : *« Il était déjà presque impossible de survivre une nuit sur le col Sud, alors comment imaginer ne serait-ce que de tenter de franchir les 850 mètres suivants ? Il n'y avait pas d'autre option que de battre en retraite. »*

Le 13 février, Krzysztof Wielicki redescend vers le camp 2. Ses gelures se sont rouvertes, il a les pieds en sang. Il s'en faut de peu pour que tout le monde renonce. Pour remotiver les troupes, Zawada, resté au camp 3, décide d'aller voir de ses propres yeux l'enfer du col Sud, en binôme avec Ryszard Szafirski. Là, il découvre le sommet de l'Everest qui *« brûle d'une lueur pourpre.* […] *Nos mouvements dans cette atmosphère à l'air raréfié me rappelaient les scènes d'atterrissage sur la Lune*[1] *»*. Szafirski et lui montent une tente en Gore-Tex, *nec plus ultra* de l'isolation contre le froid et le vent. Par radio, ils demandent au camp de base de diffuser des variétés.

---

1. *Vertical*, Grenoble, décembre 1986.

Leszek Cichy et Krzysztof Wielicki annoncent à Zawada qu'ils sont prêts pour l'assaut final. Avant cela, les deux hommes, que plus rien n'arrête, viennent en aide à Zawada qui souffre de l'altitude et lutte pour redescendre.

Le temps joue contre les Polonais. Nous sommes déjà le 15 février, et s'ils s'en tiennent au permis accordé par le Népal, ils devraient déjà avoir atteint le sommet.

In extremis, à 17 heures, Andrzej Zawada reçoit un message par radio : les autorités népalaises leur accordent un sursis de deux jours. Leur dernière chance d'atteindre le sommet ! Le lendemain, Wielicki et Cichy partent au col Sud, ultime étape. Le 17 février à 6 h 30, aux premiers rayons du soleil, par – 42 °C, Wielicki et Cichy commencent leur montée. Pour ne pas s'alourdir, chacun ne porte qu'une seule bouteille d'oxygène de 7 kilos. *« Nous avions de la chance ce jour-là, car même si le vent soufflait, il n'y avait pas de tempête, qui aurait rendu tout mouvement impossible. Il faisait froid, mais ce n'était pas un gros problème car l'air était sec. Un air plus humide aurait été signe de tempête »*, nous explique Wielicki.

À quoi pensent-ils à l'approche du but ? *« "Où est le sommet ?" Voilà ce que je me demandais*, se souvient Cichy. *Je suis ingénieur, Krzysztof aussi. J'avais une montre pour l'heure, une autre pour mesurer l'altitude. Tout le temps, je calculais : combien d'oxygène il me reste ? Quelle heure est-il ? À quelle altitude nous trouvons-nous ? »*

Sur la crête, le vent a formé de dangereuses corniches de neige, prêtes à se décrocher. Chacun est dans sa bulle. Wielicki : *« On ne pensait même plus au froid. On n'a pas beaucoup parlé pendant la montée. On regardait vers le haut, en se demandant si on était encore loin. Cichy était à 10-15 mètres devant moi. Dans les derniers instants, quand je l'ai vu, avec ses mains en l'air, j'ai compris qu'il était arrivé au sommet. »* Il est 14 h 30, Cichy établit une liaison radio avec Zawada, resté au camp 2. Sans nouvelles depuis le petit matin, le chef d'expédition se ronge les sangs. *« Devinez où nous sommes ? »* Zawada exulte. Il dira plus tard : *« Ça a été le moment le plus merveilleux de nos vies*[1]*. »*

Les deux hommes passent près de quarante minutes sur le toit du monde. Cichy prend Wielicki en photo. Près du tripode en acier qui marque le sommet, ils déposent leurs cartes de visite, un thermomètre figé à la plus basse température et un rosaire. L'objet religieux est chargé d'une histoire douloureuse. C'est la mère de Stanislaw Latallo, le jeune cameraman mort six ans plus tôt l'hiver sur le Lhotse, qui l'a confié aux hommes de Zawada avant leur départ. *« Elle voulait qu'on le dépose à l'endroit le plus haut qu'on atteindrait »*, précise Cichy.

Wielicki et Cichy emportent avec eux des pierres, qu'ils distribueront au reste de l'équipe, et une carte

---

1. *The Alpine Journal*, Londres, 1984.

que l'Américain Ray Genet a laissée pour rire, quatre mois plus tôt. Il parodie une publicité licencieuse : *« Pour passer un bon moment, appelez Pat Rucker 274-2602 Anchorage, Alaska, USA. »* L'alpiniste n'a pas survécu à la redescente, moment où surviennent nombre d'accidents. Les Polonais savent que le plus dur les attend. Tous deux ont épuisé leur réserve d'oxygène et Wielicki souffre atrocement des pieds. Abrutis de fatigue, ils croisent un peu plus bas le corps de l'alpiniste allemande partie avec Ray Genet. Hannelore Schmatz, morte d'épuisement, se tient encore assise.

Krzysztof Wielicki et Leszek Cichy peinent à voir où ils vont. *« Il neigeait, avec du vent. Nous n'avions pas de corde, donc le risque de se perdre était important. J'étais plus lent que Leszek à cause de mes blessures. Quand la nuit est tombée, je ne le voyais plus. À 22 heures, je marchais vers le col Sud, à la recherche d'une tente. C'est le seul moment où je ne savais plus où j'étais. J'ai fini par le retrouver, en train de préparer un repas à l'abri. »* Pour que la toile de tente ne s'envole pas, les deux hommes la lestent de bouteilles d'oxygène vides.

Wielicki passe une bonne partie de la nuit à masser ses pieds près du réchaud. *« J'avais peur que la tente brûle*, raconte Cichy. *On l'a prise avec nous en partant car c'était une tente en Gore-Tex à 150 dollars, une fortune pour nous à l'époque. »*

Le lendemain, les *summiters* retrouvent Zawada au camp 2. Et le 19 février, ils sont accueillis en héros au camp de base.

Krzysztof Wielicki savoure sa victoire, les pieds immergés dans de la lotion antiseptique. On voudrait bien sabler le champagne, mais la bouteille que leur a donnée l'ambassadeur de Pologne à Katmandou a gelé. Avant même que les deux vainqueurs ne redescendent, Zawada avait prévenu sa secrétaire de leur succès. *« À qui dois-je l'annoncer ? »* demande-t-elle. *« À tout le monde ! Au pape et au premier secrétaire du Parti »*, lui répond Zawada. Le même télégramme est donc envoyé aux deux autorités, ce qui ne manque pas de froisser les dignitaires au pouvoir. Par mesquinerie, ils n'organisent aucune cérémonie au retour des alpinistes. Les membres de l'expédition obtiennent tout de même quelques faveurs, comme le droit – mais simplement le droit – de s'acheter une Fiat 126. La population polonaise, qui a suivi l'exploit à la télévision, est folle de joie. Sur une photo devenue célèbre, les grimpeurs en bonnet et doudoune rouge, la peau brûlée par le soleil, l'air fourbu, tiennent chacun en main un gâteau au chocolat au glaçage brillant, décoré de leurs noms et de celui de l'Everest. *« La fierté était nationale*, se réjouit encore aujourd'hui Malgosia Fromenty. *Enfin, on parlait de la Pologne à l'étranger ! »*

À la liesse succède la polémique. Sans doute un tantinet jaloux, l'Italien Reinhold Messner conteste aux Polonais le droit de parler d'hivernale. À ses yeux, ils se sont mis en faute en dépassant de deux jours le permis octroyé. Messner prétend même que le gouvernement népalais a refusé de valider leur succès, ce qui est faux. Voilà comment a commencé la discorde autour du calendrier des hivernales – chacun ayant sa propre définition de la saison. À court d'arguments, Messner finit par reconnaître la victoire des Polonais. Il ne cessera par la suite de se montrer beau joueur. À son rival Jerzy Kukuczka, arrivé deuxième dans la course aux quatorze 8000, il enverra ce message : « *Tu n'es pas le numéro deux, tu es magnifique.* » Dans un court e-mail, Reinhold Messner nous a écrit : « *Les Polonais étaient les plus coriaces. Ils ont tout mon respect pour leurs expéditions en hiver de 1980 à 1990.* »

Avec ce premier acte sur l'Everest, les Polonais ont inventé « *l'art de la souffrance* », selon la formule de Wojciech Kurtyka, alpiniste-poète resté volontairement à l'écart de la pratique hivernale, des grosses expéditions et de leurs techniques de siège de la montagne. « *Leur style d'ascension consistait à se taper la tête contre les murs jusqu'à ce que ça explose* », commente avec un brin de malice Adam Bielecki, qui incarne la jeune garde polonaise. « *Personne n'a voulu suivre après ça* », observe l'historien Andrzej Paczkowski. De fait, les Polonais ont longtemps conservé leur monopole sur l'Himalaya en hiver, en signant dix premières sur les quatorze plus hauts sommets de la planète.

Lorsqu'il se confie à la revue française *Vertical* en 1986, Zawada est pourtant amer : « *J'ai l'impression qu'en France on ne connaît pas grand-chose de l'alpinisme polonais. Je me souviens de ma déception en regardant à la télévision la série de Maurice Herzog sur l'histoire de l'alpinisme : pas un seul mot sur les Polonais, les Tchèques, les Yougoslaves.* » À l'époque, les Français ne jurent que par le style alpin, sans cordes fixes ni sherpas, ce qui explique sans doute leur moindre intérêt pour les exploits polonais. Ils ne se sont d'ailleurs guère aventurés dans l'Himalaya à la saison froide. *« Les Français sont des sybarites, des jouisseurs. Ils ont aussi plus de retenue : ils ne cèdent pas aux chants de ces sirènes-là »*, estime Jean-Michel Asselin, écrivain et journaliste. Comme nous le rappelle Sylvain Jouty, lui aussi écrivain et ancien journaliste spécialisé, *« chaque nationalité a sa façon de concevoir la montagne et se fait ses propres règles »*.

***

Deux ans après la première ascension hivernale polonaise, Zawada reçoit tout de même un coup de fil de Michel Metzger, un chirurgien-dentiste de 31 ans exerçant à Paris, qui l'interroge sur les conditions rencontrées sur le plus haut sommet et sur le matériel requis. Le Français fait partie d'une équipe de onze alpinistes (René Ghilini, Marc Batard, Jean Bourgeois, Michel Mabillon, Louis Audoubert…) qui s'apprête à reproduire l'ascension des Polonais parce que le permis hivernal est moins demandé qu'une autorisation en été. Pour réunir les 850 000 francs que coûte le voyage, les alpinistes sifflent leurs économies et contractent des prêts. La voie normale est déjà « réservée » : l'un des alpinistes japonais les plus connus, Yasuo Kato, veut lui aussi réussir l'Everest en hiver.

Nous avons remarqué, en fouillant l'Himalayan Database, que de nombreux Japonais sont allés en Himalaya à cette saison. Citons notamment Noboru Yamada (1950-1989), qui a réalisé trois hivernales, dont la première de la face sud de l'Annapurna en 1987, et Osamu Tanabe, qui a réussi la face sud-ouest de l'Everest en 1993. Jusqu'à la fin des années 1980, les Japonais ont gravi de nombreux sommets de plus de 7 000 mètres. Pourtant, comme le fait remarquer Rodolphe Popier, contributeur de l'Himalayan Database, leur histoire reste méconnue chez nous. Dans la péninsule nippone, les hivers rigoureux rendent l'ascension des sommets, peu élevés, plus intéressante. Depuis le début du XXe siècle, les Alpes japonaises sont pratiquées l'hiver – c'est là que les pionniers ont testé leur matériel avant de partir pour l'Himalaya. *« Ils sont aguerris à l'exercice hivernal ! »* commente Rodolphe Popier. Jean-Michel Asselin avance une autre explication : *« N'ayons pas peur des clichés : ce sont des samouraïs. »*

L'équipe de Metzger opte pour la face sud-ouest, la plus difficile, réussie en 1975 par le Britannique Chris Bonington. Sur place, les mauvaises conditions les poussent à se reporter sur le col Nord, en catimini, puisqu'ils n'ont pas les autorisations… Le guide chamoniard René Ghilini se souviendra toute sa vie être resté cramponné à une corde, avec les rafales de vent qui s'amusaient à projeter leurs corps contre la paroi. *« La température en elle-même, ce n'est pas grave, mais on ne peut rien faire contre la force du vent. Tu te bats contre un ennemi que tu ne peux pas voir. »* Il conclut : *« À part la recherche de l'extrême difficulté, il n'y a pas beaucoup de raisons d'aller dans l'Himalaya en hiver... C'est idiot. »* Metzger, avec qui nous partageons une pizza près de quarante ans après qu'il a dirigé cette expédition, réfléchit. *« Moi, j'étais un peu inconscient. "Jusqu'où suis-je capable d'aller ?", voilà la question que je me posais. »* Le chirurgien-dentiste se souvient de l'enthousiasme de ceux qui les ont aidés à financer l'aventure en vendant des cartes postales. *« J'ai eu l'impression de jouer le rôle du fou du roi. »* Un fou qui montre aux autres qu'on peut dépasser ses limites, quel qu'en soit le prix. *« Il y a un risque, oui. Mais si on vit sans aucun risque, on crève. »*

Le 27 décembre 1982, le Japonais Yasuo Kato atteint seul le sommet de l'Everest. Il rejoint plus bas son compagnon de cordée, victime de gelures et complètement épuisé. Ils annoncent devoir passer la nuit 85 mètres sous le sommet, par – 32 °C. Ils n'ont plus d'oxygène. Trois jours plus tard, le ministère du Tourisme népalais annonce qu'ils sont morts de froid. Au même moment, c'est la panique au sein de l'équipe de Metzger : Jean Bourgeois a disparu. Le 27 décembre, autour de 6 400 mètres, le Belge s'est plaint de douleurs à la tête et a décidé de retourner au camp 1. Metzger l'a suivi du regard pendant une demi-heure, puis Bourgeois a disparu de son champ de vision. Après des jours de recherche, ses compagnons de cordée renoncent à poursuivre l'expédition. Tous ont signé un « contrat » par lequel ils se sont engagés à ne pas risquer leur vie si l'un d'eux se trouve en grande difficulté, *« pour ne pas culpabiliser »*. En Belgique, la funeste nouvelle paraît dans la presse : Jean Bourgeois est mort.

Des jours passent, les alpinistes regagnent Katmandou. À la réception de leur hôtel, le 14 janvier, on les informe que « leur ami » les attend. Leur ami ? Ils montent dans les chambres… Et trouvent Jean Bourgeois sous la douche, de retour parmi les vivants.

Le Belge de 44 ans raconte à ses compagnons avoir chuté sur le versant tibétain. Après plusieurs jours d'errance, il est parvenu à un monastère en ruine, puis à un village. Pris pour un espion, il a été interrogé par des militaires chinois, avant d'être rapatrié jusqu'à la frontière népalaise… Extraordinaire retour à la vie.

Chapitre 3

Le léopard des neiges

La neige est tombée à lourds flocons sur l'Annapurna, formant une couche épaisse de 4 mètres. À 5 500 mètres d'altitude, le 25 décembre 1997, le Russe Anatoli Boukreev et l'Italien Simone Moro se reposent comme ils peuvent sous leur tente. Ils s'élanceront au petit matin vers le sommet de la montagne réputée la plus mortelle au monde, le tout premier 8000 à avoir été conquis en 1950 par les Français Maurice Herzog et Louis Lachenal. Une fois de plus, la conversation tourne autour du sujet qui hante Boukreev, colosse de 39 ans aux cheveux de blé et aux traits ciselés : la tragédie survenue un an et demi plus tôt sur l'Everest. Huit personnes ont péri en une journée lors d'une tempête alors qu'il était guide au sein d'une expédition commerciale. Boukreev est brisé depuis qu'un journaliste américain, Jon Krakauer, l'a accusé d'avoir abandonné ses clients, dans un livre écoulé à des milliers d'exemplaires, *Tragédie à l'Everest*[1]

1. Jon Krakauer, *Tragédie à l'Everest*, Presses de la Cité, Paris, 1998.

(*Into Thin Air* – « dans l'air raréfié », selon la traduction littérale).

Cela fait maintenant quatre semaines que Moro et Boukreev tentent de rejoindre le sommet de l'Annapurna, à 8 091 mètres, par la face sud. Cette voie consiste en une redoutable paroi de 2 500 mètres, « ouverte » pour la première fois en 1970 par la légende britannique Chris Bonington.

L'Italien et le Russe sont partis sans porteurs ni téléphone satellite, à la recherche de l'isolement absolu. À 6 heures du matin, en ce jour de Noël, les alpinistes entament la montée finale. Il fait atrocement froid, – 30 °C. Simone Moro part en tête pour installer une corde fixe. Au bout de quelques heures, à 6 300 mètres, il se retrouve à court de longe et se retourne vers Boukreev resté 100 mètres plus bas. Dimitri Sobolev, un cameraman kazakh embarqué pour tourner un documentaire sur l'expédition, ferme le cortège.

À 12 h 15, Moro remarque avec angoisse qu'au-dessus de leurs têtes une imposante corniche de glace et de neige menace de céder. Il se dépêche d'installer un relais en plantant deux broches dans la paroi. Trop tard. L'énorme bloc de glace rompt et, dans sa chute, éclate en une multitude de morceaux. Croisant le regard bleu de son compagnon stupéfait, Moro hurle : « Anatoliii ! » Le Russe tente de s'écarter sur la droite pour esquiver la déferlante, en vain. Moro, Boukreev et Sobolev sont engloutis. Seul l'Italien est resté accroché à la corde et ressort à moitié conscient du magma blanc, les paumes de mains brûlées, le tendon d'un doigt coupé, mais vivant.

Que cherchait Anatoli Boukreev dans l'hiver himalayen ? L'homme qui, après l'éclatement de l'URSS, semble n'avoir jamais vraiment trouvé sa place ni en Russie ni au sein de la communauté des alpinistes a été le témoin privilégié d'un changement d'époque : la marchandisation des plus hauts sommets.

Né à Korkino, ville minière de l'Oural, Boukreev est un pur produit du communisme, système qui s'est chargé de son éducation, physique comme scolaire. Ce fils d'un horloger infirme a appris l'escalade dans l'Oural, avec une rigueur toute militaire. La poésie et la musique ont également imprégné la jeunesse de ce garçon sensible, choyé par sa mère, malgré la rudesse de la vie quotidienne. En altitude, il trouve le cadre parfait où laisser libre cours à son introspection, comme il l'écrit dans ses mémoires[1] : *« Les montagnes sont les autels où je m'efforce de me perfectionner mentalement et spirituellement. En leur présence, je tente de comprendre ma vie, d'exorciser la vanité, la cupidité et la peur... Je vois mon passé, rêve du futur et avec une acuité hors norme, je fais l'expérience du moment présent. À chaque voyage, je renais. »*

Sur les sommets de 5 000 mètres de la chaîne du Tien Shan, au Kazakhstan, Boukreev découvre la haute

1. Anatoli Boukreev, avec Linda Wylie, *Above the Clouds: The Diaries of a High-Altitude Mountaineer*, St. Martin's Griffin, New York, 2001.

altitude. Il ressort diplômé en sciences de l'université de Tcheliabinsk, en Sibérie occidentale, avant de s'installer à Almaty, au Kazakhstan. Son aptitude exceptionnelle pour le sport attire l'attention des fonctionnaires locaux, qui lui confient l'entraînement de l'équipe féminine de ski de fond. Grâce à ce « maroquin », Boukreev échappe à la guerre en Afghanistan et participe à des expéditions dans le Caucase. Il décroche sans difficulté le titre de « Léopard des neiges », accordé aux grimpeurs ayant atteint les cinq sommets de plus de 7 000 mètres en URSS.

Fier de ses origines, Boukreev compare les exploits des Russes sur la montagne au *« ballet classique, au travail de nos scientifiques et au dévouement des cosmonautes*[1] *»*. L'alpiniste affronte sans peur ses premiers 8000 : le Kanchenjunga en 1989 et le Dhaulagiri en 1991. À Moscou, le président Mikhaïl Gorbatchev lui remet, au nom de l'URSS, la distinction de Maître émérite du sport et l'Ordre du courage personnel. Voilà pour l'heure de gloire. Mais l'effondrement du bloc soviétique vient tout remettre en cause. Boukreev doit se réinventer dans un monde où la montagne n'est plus l'affaire de l'État. Lui qui a toujours navigué librement dans l'Union soviétique est contraint de faire établir de nouveaux papiers d'identité, pour que les nationalités russe et kazakhe y cohabitent.

Pour la première fois de sa vie, Boukreev se demande s'il pourra continuer à grimper. Comment s'adonner à

1. « The Roads we Choose », *The American Alpine Journal*, New York, 1996.

une passion quand la survie quotidienne prend le pas sur tout le reste ? Malgré tout, Boukreev l'esthète veut croire que *« les sommets étincelants et l'insondable ciel au-dessus de nos têtes, avec leur grandeur et leur beauté mystérieuse, attireront toujours l'humanité, avide de tout ce qui est beau. Telle est et sera la force magnétique des montagnes, loin des vanités, de la trivialité et de l'agitation du monde, au-delà desquelles, parfois, nous n'arrivons pas à voir le vrai, le beau et l'éternel*[1] *»*.

Mais loin de chez lui, la misère se fait plus cruellement sentir encore et le dispute à l'humiliation. Un épisode relaté dans le récit *The Climb*[2] en dit long sur son dénuement. Alors qu'il vient de boucler l'ascension du Makalu (8 485 mètres) en 1994, Boukreev n'a d'autre choix que de vendre son matériel à Katmandou pour pouvoir payer son billet de retour pour le Kazakhstan. Tous les autres grimpeurs américains ont perdu du poids pendant l'expédition, mais lui s'est fait du gras sur la montagne, tant la pitance est famélique chez lui.

À l'évocation de Boukreev, Jean-Michel Asselin, écrivain et alpiniste français qui l'a rencontré au camp de base de l'Everest en 1991, revit instantanément cette scène : *« C'était un géant avec de gros sourcils, de grosses paluches, un véritable animal de montagne, et en même temps, il dégageait une grande douceur.*

1. « The Roads we Choose », art. cit.

2. Anatoli Boukreev et Gary Weston DeWalt, *The Climb: Tragic Ambitions on Everest*, St. Martin's Griffin, New York, 1997.

Il chantait des chansons de Vyssotski à la guitare. Avec le grimpeur Vladimir Balyberdin, ils étaient arrivés tard au camp de base et n'avaient pas voulu payer les cordes fixes sur la voie normale – à l'époque, il fallait payer l'accès –, alors ils étaient passés par une autre voie, très dangereuse. Boukreev a fait le sommet dans le mauvais temps. Les Espagnols, qui étaient arrivés au sommet trois ou quatre jours avant lui, doutaient de sa réussite. À un moment donné, la rumeur a grandi dans le camp et Boukreev s'est arrêté de jouer de la guitare. Il a demandé à l'un des grimpeurs espagnols : "Tu n'as rien oublié là-haut ?" Et là, il lui a tendu un crucifix qu'il avait laissé au sommet ! »

Dans les années 1990, le Russe passe de plus en plus de temps aux États-Unis, chez des amis grimpeurs. Il cherche des sponsors. Lui qui a longtemps couru en bottes de travail s'émerveille devant la profusion de baskets dernier cri dans les vitrines des magasins.

En cette décennie post-guerre froide, même une région aussi reculée que l'Himalaya semble avoir cédé aux sirènes du capitalisme. Des alpinistes du dimanche aux poches bien garnies débarquent en pensant pouvoir « s'offrir » l'Everest, autrefois chasse gardée des grosses expéditions nationales. Chaque printemps, le camp de base n'en finit plus de gagner des tentes. Les himalayistes les plus aguerris, aux premières loges, flairent le filon. Et si la haute montagne devenait enfin une activité lucrative ? Avec ce qu'il faut d'oxygène et de conseils, pensent-ils, ou veulent-ils croire, n'importe qui peut aller à la cime – à condition, bien sûr, de débourser quelque 65 000 dollars.

Kaji Sherpa, 57 ans, physique juvénile, est né dans la vallée de l'Everest. Il appartient à l'ethnie sherpa, « le peuple de l'Est », originaire du Tibet, doté d'extraordinaires aptitudes à l'altitude, inscrites dans son patrimoine génétique. Les traces les plus anciennes de la présence de Tibétains en altitude remontent à quarante mille ans !

Kaji a guidé pendant sept ans de riches clients européens, américains et asiatiques sur les plus hauts sommets de l'Himalaya. Sa carrière a pris fin brutalement en 1987, lorsqu'il a failli mourir avec deux grimpeurs espagnols au cours d'une violente tempête sur l'Annapurna. Victime de graves gelures, le Sherpa, qui venait d'être père, a perdu ses dix orteils, à tout juste 25 ans. À l'époque, le drame l'a tellement ébranlé qu'il a préféré fuir le Népal et émigrer dans le premier pays qui l'a accueilli : la France. Sa femme l'y a rejoint par la suite, et leurs deux fils y vivent aussi aujourd'hui. Kaji travaille dans une imprimerie numérique. Il nous accueille avec un kir dans son grand appartement de la petite couronne parisienne. Sur les murs, son épouse a accroché des photos de temples bouddhistes, du dalaï-lama, des gravures de déesses. Une guirlande de drapeaux de prières colorés, les « chevaux du vent » que l'on trouve dans les monastères, parcourt la terrasse. *« Nous, sherpas, nous n'avons jamais compris pourquoi nos clients voulaient grimper. Ils dépensent tant d'argent pour ça ! 90 % des expéditions se terminent par un accident ou par la mort. Au départ, je pensais qu'il s'agissait d'un sport extrême, qui procure des sensations fortes. Mais quand j'ai commencé à transporter tout en haut des handicapés ou des vieux, je me suis demandé où était le sport là-dedans. Et puis, quand on est là-bas, on est une fourmi perdue dans un désert de sable, ce n'est même pas intéressant. Le soleil brûle ou bien le vent souffle trop fort. On ne voit même pas la terre en dessous. La montagne, c'est beau quand on la regarde de loin, mais de près... »*

***

« Es-tu prêt à partir à l'Everest avec moi ? » Quand l'himalayiste américain Scott Fischer propose à Anatoli Boukreev, après l'avoir croisé dans une rue de Katmandou à l'automne 1995, de guider une expédition commerciale, le Russe ne tarde pas à accepter. Depuis que l'URSS n'est plus, Boukreev, comme la plupart de ses compatriotes, tire le diable par la queue. Ce n'est pas tous les jours qu'on lui propose un job à 25 000 dollars !

Scott Fischer, longs cheveux blonds, physique avantageux de surfeur, premier Américain à avoir atteint la cime du Lhotse (8 516 mètres), s'est mué en businessman de l'extrême et a fondé sa société, Mountain Madness. Le quarantenaire installé à Seattle le sait, il n'assiéra sa réputation qu'en conduisant un maximum de profanes au sommet. Pour sa première avec des clients sur l'Everest, Fischer mise beaucoup sur Anatoli Boukreev, reconnu pour son endurance et sa rapidité exceptionnelles. À son palmarès, le Russe compte le K2, une hivernale au Manaslu et un record de vitesse en solo sur le Lhotse, le tout sans oxygène. Cerise sur la montagne, Boukreev a déjà conduit une expédition commerciale à l'Everest, sous la houlette d'un Britannique, Henry Todd, directeur d'une agence concurrente, Himalayan Guides.

Scott Fischer entend confier à Anatoli Boukreev et Neal Beidleman, un autre guide américain, un groupe de huit amateurs fortunés. Parmi ces gens bien nés, il y a notamment un dentiste, un trader et une figure mondaine, Sandy Hill Pittman, une éditrice ayant épousé l'un des fondateurs de la chaîne musicale à succès MTV. À part la Danoise Lene Gammelgaard, tous sont américains. Avec Boukreev, la barrière est non seulement sociale, culturelle, mais aussi linguistique. S'il maîtrise les rudiments de l'anglais, les subtilités d'une conversation ou d'une blague lui échappent souvent. Boukreev, anachronisme vivant, se sent comme un poisson hors de l'eau : *« Dans une expédition commerciale, il y a toujours un ajustement à faire. J'ai été formé dans la tradition de l'école russe de la haute altitude, qui mettait en avant l'effort collectif et le travail d'équipe, tandis que les ambitions personnelles passaient au second plan. On forme et on entraîne les grimpeurs en construisant leur expérience et leur confiance en eux sur le long terme. On commence par des montagnes peu élevées, puis on mène progressivement les grimpeurs vers des 8000, pour lesquels ils sont préparés.* […] *J'ai compris que j'étais embauché pour préparer la montagne pour les gens, plutôt que l'inverse.* »

En retrait, Boukreev s'en tient à son éthique personnelle et préfère manger la nourriture locale, faite de légumes, de riz et de lentilles, plutôt que les plats préparés sous vide dont débordent les sacs à dos des Américains.

Anatoli Boukreev, qui a souffert d'asthme toute son enfance, a une conception bien à lui de l'acclimatation, cette adaptation ô combien délicate de l'organisme aux méfaits de l'altitude. Il met un point d'honneur à ne pas prendre d'oxygène lorsqu'il grimpe. À l'écoute du moindre soubresaut de son organisme, il craint en effet que cet artifice masque une quelconque défaillance en lui. Alors, il a élaboré un programme d'acclimatation consistant à monter progressivement jusque dans la « zone de la mort », où l'air est rare, pour ensuite redescendre plus bas que le camp de base, afin de récupérer pendant quelques jours. Mais Boukreev prêche dans le vide face à des clients tendus vers un seul but : le sommet. Une fois au camp de base, personne n'a envie de se coltiner à nouveau un trek aller-retour dans la jungle.

Toutes sortes de dangers menacent le grimpeur qui subit l'hypoxie, c'est-à-dire le manque d'oxygène. Nausée, maux de tête, perte d'appétit, insomnie, sensation d'ébriété : le mal aigu des montagnes (MAM) peut survenir à partir de 3 500 mètres, même chez le sportif le mieux entraîné. Dès le Ier siècle avant Jésus-Christ, les caravanes chinoises qui traversaient des cols dépassant 4 500 mètres sur la route de la soie ont décrit ces symptômes[1]. Dans sa forme la plus grave, le MAM provoque des œdèmes pulmonaires ou cérébraux potentiellement mortels, comme cela a été le cas pour Tomek Mackiewicz au Nanga Parbat en 2018. L'esprit est également affecté ; on estime qu'au-delà de 8 000 mètres, les moments de pleine conscience sont rares, ce qui explique sans doute nombre de décisions malheureuses. Pour l'heure, on ne connaît qu'un seul médicament contre le mal des montagnes : le Diamox, qui stimule la respiration et améliore donc l'oxygénation du sang. Mais rien ne remplace la seule action efficace quand surviennent les signes inquiétants du MAM : redescendre au plus vite.

Nous avons à la base du cou des chémorécepteurs, plus ou moins sensibles selon les individus, qui détectent le manque d'oxygène dans le sang et transmettent l'information. Le corps s'adapte : alerté, le cerveau commande une accélération des battements du cœur et de la respiration, pour capter davantage de molécules d'oxygène. Puis, au bout de plusieurs jours en altitude, le corps se met à sécréter plus de globules rouges, qui transportent l'oxygène – c'est ce que recherchent les alpinistes dans leur phase d'acclimatation.

---

1. *Médecine de montagne*, ouvrage coordonné par le professeur Jean-Paul Richalet et le docteur Jean-Pierre Herry, Elsevier Masson, Paris, 2017.

Avec ses lunettes rondes et sa barbe blanche, Jean-Paul Richalet, grand spécialiste de la santé en haute montagne et alpiniste, nous fait penser à Steven Spielberg. *« Quand j'ai commencé à travailler sur le sujet, personne ne s'y intéressait*, nous raconte en terrasse le professeur de médecine à l'université Paris 13. *On ne savait pas s'acclimater dans les années 1980. On restait une semaine en altitude, mais le corps finissait par se dégrader. »* Aujourd'hui, la règle de référence est celle dite « des 400 mètres » : elle consiste, à partir de 3 000 mètres d'altitude, à ne pas escalader plus de 40 mètres de dénivelé entre deux nuits consécutives au début du séjour. L'acclimatation se résume au mouvement de yo-yo suivant : *« Ne montez pas trop vite trop haut. Montez haut, mais dormez bas*[1]*. »* Même en suivant ces préceptes à la lettre, tout le monde n'est pas égal devant la haute altitude. Certains alpinistes, tels Anatoli Boukreev, Reinhold Messner ou Élisabeth Revol, la supportent très bien, tandis que d'autres ne pourront jamais l'atteindre. La science est loin d'avoir percé tous les mystères de l'hypoxie. On ne sait toujours pas pourquoi le manque d'oxygène provoque des maux de tête, par exemple. Au bout de quinze jours à trois semaines au niveau de la mer, l'alpiniste « perd » son acclimatation. Il n'y a aucune mémoire du corps, tout juste une adaptation psychologique : on sait reconnaître les effets de la haute altitude en y étant confronté à nouveau.

1. *Médecine de montagne*, *op. cit.*

Jean-Paul Richalet nous interpelle : *« Saviez-vous que vous êtes déjà allées à 7 000 mètres d'altitude ? Vous ne vous en rappelez sans doute pas... »* Le médecin ménage son effet. *« Dans le ventre de votre mère ! »* En effet, le sang y est riche en globules rouges et en hémoglobine. Nous quittons Jean-Paul Richalet en nous demandant si les alpinistes qui s'aventurent dans la « zone de la mort » ne cherchent pas, après tout, à retrouver cet état originel. Un peu comme lorsque l'astronaute du film *2001 : l'odyssée de l'espace*[1] redevient fœtus à la fin.

En ce printemps 1996, la compétition fait rage sur les pentes de Chomolungma, la « déesse mère des vents », le nom tibétain de l'Everest. Le principal rival de Scott Fischer est le Néo-Zélandais Rob Hall, figure barbue et rassurante qui dirige Adventure Consultants, une agence de renommée internationale qui se targue d'avoir mené trente-neuf personnes au sommet depuis sa création au début des années 1990. C'est avec Adventure Consultants que le journaliste américain Jon Krakauer, pourtant originaire de Seattle, comme Fischer, choisit de partir. Le magazine *Outside* l'a envoyé là pour qu'il raconte le boom des expéditions commerciales. *Embedded*[2] parmi les grimpeurs, Jon Krakauer participe à l'ascension.

Il y a foule au camp de base, et le bruit se répand rapidement qu'il faut se tenir prêt pour le 10 mai,

1. Film réalisé par Stanley Kubrick, 1968.
2. « Embarqué ».

fenêtre météo idéale pour le *summit push*, l'assaut final vers le toit du monde. Comme un seul homme, presque toutes les expéditions s'engagent ce jour-là sur la montagne, sous un ciel dégagé. Mais très vite, un problème en entraîne un autre. Scott Fischer, qui depuis plusieurs jours a multiplié les allers-retours vers les camps supérieurs, montre des signes de fatigue inquiétants. Beck Weathers, un riche médecin de Dallas, membre de l'équipe d'Adventure Consultants, voit de plus en plus mal et a besoin d'assistance. À l'approche du sommet, la situation empire. Au Balcon, à quelque 8 300 mètres, aucune trace des cordes qui auraient dû être installées par les sherpas. Un embouteillage se forme et les bouteilles d'oxygène des grimpeurs se vident en attendant qu'ils puissent passer.

Boukreev est l'un des premiers à atteindre la cime. Il y reste près d'une heure, mais a si froid qu'il préfère redescendre au camp 4, ce qui lui sera copieusement reproché. *« Je considérais que je ne serais pas bon à grand-chose si je restais ainsi à attendre et à geler debout. Je serais plus utile si je retournais au camp, de façon à prendre de l'oxygène et à revenir chercher les clients, au cas où certains se sentiraient faibles au moment de la redescente »*, racontera-t-il plus tard[1].

Rob Hall avait fixé l'heure limite pour arriver tout en haut à 14 heures. Las ! La progression de certains clients est si lente qu'il finit par s'asseoir sur ce

1. Interview donnée à *Men's Journal* et citée dans le livre de Jon Krakauer, *Tragédie à l'Everest*, *op. cit.*

principe. Alors que tous les grimpeurs ne sont pas parvenus au but, une violente tempête de neige s'abat sur la montagne. La redescente prend l'allure d'un chemin de croix. Un groupe de clients se retrouve bloqué dans le blizzard sur le plateau du col Sud. Anatoli Boukreev, l'un des seuls hommes encore en possession de ses moyens physiques, parvient à en ramener trois à l'abri des tentes, dans des conditions épouvantables. Il ne peut toutefois rien pour son ami Scott Fischer, foudroyé par le mal des montagnes. Le médecin Beck Weathers, laissé pour mort, ne survit qu'au prix de graves gelures qui lui vaudront plusieurs amputations. Au cours de la débâcle, huit personnes perdent la vie, dont Rob Hall, qui a refusé d'abandonner un client arrivé tard à la cime.

La tragédie consommée, Boukreev, effondré, trouve refuge dans le seul monde qu'il connaisse : la montagne. Six jours après la catastrophe, il gagne seul le sommet du Lhotse, géant voisin de l'Everest. Ce n'est qu'après cette dernière ascension qu'il décide de quitter l'Himalaya.

Les médias outre-Atlantique se passionnent pour le drame qui implique tant de *beautiful people*. Anatoli Boukreev cherche à échapper comme il peut au tumulte et se réfugie à Santa Fe, au Nouveau-Mexique, où il tente de reprendre pied aux côtés de sa compagne Linda Wylie. Victime du « syndrome du survivant », Boukreev est assailli chaque nuit par le même cauchemar : il est sur l'Everest et doit apporter de l'oxygène à des grimpeurs égarés, mais n'arrive pas à les retrouver. Vidé, il passe ses journées à dormir. Il prend tout de même le temps de répondre aux questions de Jon Krakauer, le journaliste embarqué dans l'expédition de Rob Hall, qui a survécu et prépare son article pour la revue *Outside*.

Le grimpeur est loin de se douter de la nouvelle épreuve qui l'attend. À peine quatre mois après le drame, le texte de Jon Krakauer est publié. « Into Thin Air » décrit les événements de l'intérieur, relate la fureur de la tempête et le rôle de chacun le jour fatidique. Boukreev n'en sort pas grandi, c'est peu de le dire. Le guide russe est accusé de ne pas être resté auprès de ses clients dans la tourmente, de n'en avoir fait qu'à sa tête, d'avoir refusé de prendre de l'oxygène, alors que ce « carburant » aurait pu le rendre plus performant quand tout le monde était en perdition. Bref, un vrai « méchant » insensible, russe de surcroît, comme on en voit dans les films hollywoodiens. Ce n'est pas tout : au printemps suivant, le journaliste publie un livre qui porte le même titre que l'article, *Tragédie à l'Everest*[1] pour la traduction en français. Écrit à la première personne, haletant, méticuleux, le récit est un succès de librairie. Il deviendra un classique du livre d'aventure, adapté en téléfilm, puis au cinéma, dans une production américaine à gros budget diffusée en 3D.

En version longue, Boukreev y est tout autant étrillé. Krakauer cite ainsi l'un des clients de Boukreev : *« Anatoli était très fort et il avait de grandes*

1. Jon Krakauer, *Tragédie à l'Everest*, *op. cit.*

connaissances techniques, mais il ne s'occupait pas des autres. Ce n'était pas un joueur d'équipe. J'avais déjà dit à Scott [Fischer] *que je ne voulais pas grimper avec Anatoli dans la partie supérieure de la montagne, parce que je doutais qu'on puisse compter sur lui en cas de nécessité.* » Selon Krakauer, *« le refus ou l'incapacité de Boukreev à jouer le rôle d'un guide conventionnel dans la tradition occidentale exaspérait Fischer ».* C'est dans ce livre que nous avons découvert Anatoli Boukreev. Nous avons ensuite tellement parlé de lui que l'intelligence artificielle de nos smartphones sait parfaitement écrire son nom, tout comme ceux des alpinistes polonais. Notre subconscient a lui aussi gardé en mémoire ces hommes : combien de cauchemars d'avalanches ont jalonné la rédaction de ce livre…

Sous le feu des critiques, Boukreev proteste bien sûr, et tente d'allumer un contre-feu en livrant sa version des faits dans *The Climb*. Mais au fond de lui, l'alpiniste sent bien que c'est peine perdue. L'aptitude à parler aux médias, la barrière de la langue : tout joue contre lui.

Son ami Simone Moro nous raconte l'après-Everest : *« Il souffrait toujours de ce qui s'était passé en 1996. Pas seulement d'être tenu pour responsable de ce qui était arrivé. Mais aussi parce qu'il estimait que l'opinion de Krakauer tenait lieu de verdict. Il disait : "J'ai grimpé vingt et une fois des 8000, toujours sans oxygène. J'ai fait un record de vitesse. Krakauer, lui, n'a jamais rien grimpé avant, c'était son premier 8000, avec guides et oxygène, et maintenant, les gens pensent que ce qu'il a écrit est la Bible. Tout le monde le croit. Ce n'est pas sa version contre la mienne, c'est un débutant qui, grâce à sa popularité et à son réseau, a l'opportunité de me détruire." Dieu merci, la communauté des grimpeurs n'est pas bête et je n'ai pas trouvé un alpiniste qui croyait Krakauer.* »

Pour la deuxième fois de sa vie, Anatoli doit se reconstruire. Peut-il seulement continuer à être guide, lui qui n'y a jamais vraiment cru ? *« Mais quelle expédition commerciale à l'Everest peut-elle prétendre à être "guidée", au sens où les Américains souhaitent définir ce terme ? »* s'interroge-t-il dans *Montagnes Magazine* en janvier 1998. *« L'accessibilité est une illusion. L'argent, ici, ne vous sauvera pas. L'oxygène ne vous offre aucune garantie de survie en ces lieux. Les professionnels comme les amateurs devraient toujours y être humbles. Le dernier mot appartiendra toujours à la montagne. »*

Quand l'armée indonésienne lui demande d'accompagner une expédition nationale sur l'Everest au printemps suivant, Boukreev pose ses conditions. Plus question d'être désigné comme guide : il veut désormais qu'on le considère comme un consultant, présent simplement pour délivrer des conseils. Il redouble de précautions et s'équipe, cette fois-ci, de bonbonnes d'oxygène.

Boukreev cherche avant tout à reprendre sa place sur la montagne. Une rencontre va l'y aider. À l'automne 1996, alors qu'il fait l'ascension du Shishapangma, il se lie d'amitié avec Simone Moro, un grimpeur italien ambitieux, de dix ans son cadet. Ensemble, ils partent sur le Lhotse et échafaudent des plans. Moro sent que c'est en hiver que s'écrira la nouvelle page de l'himalayisme. Anatoli est enthousiaste. *« Surtout, il voulait rester loin des pentes surpeuplées par les expéditions commerciales. Il souhaitait retrouver sa liberté à la fois dans sa tête et sur la montagne. Il m'a dit que notre amitié l'avait vraiment aidé à surmonter le drame de l'Everest. »*

Boukreev a déjà accompli une hivernale sur le Manaslu en 1995 et trouve dans la rigueur de cette saison un défi à sa hauteur. *« Il est très dangereux et difficile de grimper l'hiver, il faut s'entraîner beaucoup pour en apprécier les difficultés*[1]. »

C'est ainsi que Simone Moro et Anatoli Boukreev décident de partir en décembre 1997 sur la face sud de l'Annapurna, l'un des 8000 manquants à Anatoli. Un défi ambitieux. *« Tenter l'immense mur en hiver, sans cordes fixes ni camps, était bien plus difficile que la première ascension réalisée par les meilleurs grimpeurs britanniques qui ont assiégé la montagne à la haute saison*[2] », observe Galen Rowell, photographe, écrivain et alpiniste américain, alors âgé de 60 ans, qui a décliné l'invitation de peur de ne pas être assez résistant. Selon l'Himalayan Database, seules

1. Interview à *Mountain Zone*. www.mountainzone.com.
2. Préface du livre d'Anatoli Boukreev, *Above the Clouds... op. cit.*

deux expéditions à ce jour ont réussi à atteindre le sommet principal de l'Annapurna en hiver, sur un total de vingt-deux tentatives. Les Polonais, emmenés par Jerzy Kukuczka, ont été les pionniers en 1986, par la face nord, la voie empruntée par les Français en 1950. En 1987, une équipe de Japonais dirigée par Kuniaki Yagihara y parvenait par la face sud, au prix de deux morts dans leurs rangs.

Lors de leur préparation, Moro découvre en Boukreev une *« machine »* : *« Il s'entraînait comme un maniaque. Il contrôlait tous les jours son poids, ce qu'il mangeait, buvait, le temps qu'il passait à s'exercer. J'ai essayé de ne pas être le maillon faible du projet. Boukreev ne cherchait pas le succès, il voulait juste devenir un grimpeur à plein temps. »*

Le dépouillement de cette expédition en fait l'antithèse de celle de l'Everest. Dans un ajout à une édition ultérieure de *Into Thin Air*, Jon Krakauer raconte que c'est Reinhold Messner, ponte de l'himalayisme, qui a conseillé à Boukreev de s'engager dans une voie différente, pour donner un nouveau tour à sa carrière. Nous avons posé la question à Messner, mais il ne nous a pas confirmé ces propos. Galen Rowell, mort en 2002 dans un accident d'avion, avait sa théorie sur les raisons qui poussèrent Boukreev à relever un tel pari : *« Je suis hanté par le fort soupçon que la deuxième tragédie, si rapprochée de la première, n'était pas une coïncidence. S'il n'y avait pas eu la déferlante médiatique à l'encontre d'Anatoli après l'Everest, je doute qu'il aurait encore eu besoin de se prouver quelque chose, alors qu'il avait déjà surpassé tous les autres grimpeurs de sa génération*[1]. »

Neuf mois avant de mourir, Anatoli Boukreev avait rêvé de l'avalanche dans ses moindres détails, raconte sa compagne Linda Wylie, qui s'est occupée de la publication de ses mémoires[2]. Seul manquait le nom de la montagne. Boukreev, comme la majorité des himalayistes de ce niveau, avait accepté de mourir un jour là-haut. Après le drame, les hélicoptères ont survolé durant plusieurs jours la zone où Dimitri Sobolev et lui avaient été ensevelis. Ils ne les ont pas retrouvés.

Dans les limbes glacés de l'Himalaya, au contact de l'air froid et sec, les corps ne se décomposent pas, ils se momifient. George Mallory, aperçu pour la dernière fois en juin 1924 avec son compagnon Andrew Irvine, alors qu'ils tendaient vers le sommet de l'Everest, a ainsi été retrouvé soixante-quinze ans plus tard, à 8 200 mètres, la tête contre le sol, la peau lisse et blanche, presque translucide, les vêtements en lambeaux. Les Américains qui l'ont repéré ont recouvert son corps avec des pierres – la plupart des hommes morts là-haut n'auront jamais de sépulture. Longtemps, celui que l'on surnomme « Green Boots », un alpiniste aux chaussures vert pomme, disparu en 1996, a servi de point de repère sur l'Everest : le grimpeur qui l'apercevait savait qu'il entrait dans la « zone de la mort ». Il est très difficile, voire impossible de redescendre

1. Anatoli Boukreev, *Above the Clouds... op. cit.*
2. *Ibid.*

les cadavres, figés dans la glace. Le psychiatre Xavier Fargeas voit une forme de « transcendance » dans le fait qu'ils demeurent sur la montagne.

Jusqu'à aujourd'hui, sept hommes ont perdu la vie l'hiver sur l'Annapurna, alors qu'ils ne sont que six à avoir atteint le sommet principal à cette saison. Au camp de base de l'Annapurna, les alpinistes de passage peuvent lire une phrase d'Anatoli Boukreev devenue célèbre, gravée sur une plaque en sa mémoire : *« Les montagnes ne sont pas des stades où je cherche à satisfaire mon ambition, mais les cathédrales où je pratique ma religion. »*

Simone Moro retient d'Anatoli Boukreev son instinct du pays de l'air rare : *« Il m'a entre autres appris à devenir un animal de haute altitude,* [...] *à faire complètement partie de la montagne. »* À l'été 1999, un an et demi après la disparition de son ami, l'Italien part au Kazakhstan. En sa mémoire, il veut obtenir en une saison le titre de « Léopard des neiges ». *« Mon intention était de donner l'opportunité à un jeune de devenir le futur Anatoli. J'ai demandé de l'aide à l'un de ses amis à Almaty, en lui expliquant que je voulais emmener avec moi deux jeunes grimpeurs pour gravir tous les 7 000 mètres du Tien Shan et du Pamir, mais que je ne connaissais personne. »*

Pendant plusieurs mois, Rinat Khaibullin, ex-compagnon de cordée d'Anatoli Boukreev, organise une grande compétition lors de laquelle il évalue la vitesse et la technique de jeunes grimpeurs. Denis

Urubko, cheveux raides, long nez droit, yeux bleus perçants, arrive premier. *« Il ne parlait même pas anglais*, se souvient Simone Moro. *Je l'ai pris sous mon aile. Il me respectait car j'étais le compagnon d'Anatoli. C'est comme ça que sa carrière a commencé. »*

Né en 1973 au nord du Caucase, Denis Urubko est un Russe à la citoyenneté kazakhe, comme Anatoli. L'adolescent asthmatique et peu sociable qu'il était a découvert la montagne avec son père et sa sœur. Il a 15 ans lorsqu'il commence à randonner seul à Sakhaline, l'île au large de la Sibérie où ses parents ont emménagé à cause de ses problèmes de santé. Quand il part étudier à Vladivostok, à 16 ans, celui qui rêve de devenir acteur s'évade dans la taïga, *« hiver comme été, sans équipement ni vêtements adaptés*[1] *»*. Simone Moro rencontre Urubko l'année de ses 26 ans. Il habite alors à Almaty, au Kazakhstan, où il s'est installé en 1993 après la dissolution de l'Union soviétique. Pendant presque un an, Urubko a vécu dans la rue, s'est nourri comme il pouvait. Comme Anatoli Boukreev, il est entré au club d'alpinisme de l'armée kazakhe, où il côtoie des alpinistes réputés. La semaine, il s'entraîne comme un athlète olympique, et le week-end, il apprend à grimper sur les 3 000 et 4 000 mètres alentour.

Simone Moro et Denis Urubko, qui deviendront deux des plus grands himalayistes hivernaux, se rapprochent pendant l'ascension des cinq pics de l'ex-URSS, réalisée en moins de cinquante jours. L'année d'après, en

1. « Denis Urubko, à 8000 à l'heure », art. cit.

2000, l'Italien offre au « nouvel Anatoli » – au parcours comparable mais au caractère très différent – le sésame : sa première invitation pour le Népal. En à peine dix ans, Urubko gravit les quatorze plus hautes montagnes de la planète et ouvre de nouvelles voies. Avec Simone Moro, il réalise plusieurs premières en hiver : Makalu, Gasherbrum II. *« Les ascensions hivernales sont des aventures sauvages*, nous écrit-il par e-mail. *Très peu de gens s'y engagent. La civilisation est bien loin, les montagnes sont les mêmes qu'il y a deux cents ans. Lors d'une expédition hivernale, on n'a pas le droit à l'erreur, car on ne peut pas recommencer si on en commet une. Le froid, le vent, les journées courtes : je cherche à affronter ces éléments. Et à me fondre dans cette nature. »*

En 2015, soutenu par le président du Club alpin de Pologne, Denis Urubko obtient la citoyenneté polonaise. Le voilà élevé au rang des « guerriers des glaces », dont il partage indubitablement l'état d'esprit.

Chapitre 4

Un Italien dans le froid

L'incroyable ascension en solo du Lhotse, voisin de l'Everest, que Krzysztof Wielicki accomplit sans oxygène le 31 décembre 1988, cintré d'un corset orthopédique, fut le dernier coup des Polonais. À la fin des années 1980, sept des quatorze sommets de plus de 8 000 mètres ont été gravis l'hiver par les inventeurs de la discipline. La disparition de plusieurs grands alpinistes polonais met un terme à cette glorieuse épopée. Durant la descente du K2, en juillet 1986, Tadeusz Piotrowski perd un crampon et fait une chute fatale. Le 24 octobre 1989, Jerzy Kukuczka dévisse au niveau de l'arête sommitale du Lhotse, montagne qu'il jugeait *« attirante, obsédante »*. En Pologne, et même au-delà, sa mort provoque la sidération.

La même année, cinq Polonais (Zygmunt Andrzej Heinrich, Eugeniusz Chrobak, Miroslaw Gardzielewski, Waclaw Otreba, Miroslaw Dasel) périssent dans une avalanche sur l'Everest. Wanda Rutkiewicz, personnage ambigu et fascinant, disparaît en 1992, à l'âge de 49 ans, sur les flancs du Kangchenjunga, la troisième montagne de l'Himalaya. *« Je ne cherche pas la mort, mais l'idée de mourir sur les montagnes ne me dérange pas. Ce serait une mort facile pour moi. Après tout ce que j'ai vécu, elle m'est familière. Et la plupart de mes amis sont là, sur les montagnes, à m'attendre »*, lit-on dans *A Caravan of Dreams*[1].

La Pologne entre dans une nouvelle ère. En 1990, Lech Walesa, leader du syndicat Solidarność, est élu président. La chute du communisme coïncide avec la fin de l'âge d'or polonais dans l'Himalaya. Plus de régime soviétique ni de marché noir pour financer les coûteuses aventures… *« L'adversité forme les meilleurs grimpeurs, la prospérité n'est pas aussi exaltante*[2] *»*, écrit la journaliste Bernadette McDonald. Leszek Cichy quitte le poste qu'il occupait dans une université pour travailler dans une banque. Krzysztof Wielicki, lui, crée son entreprise, tout en poursuivant sa quête des quatorze plus hauts sommets. La conquête hivernale, synonyme d'expéditions lourdes et de mois d'abnégation, semble appartenir à un autre temps. On ne parle désormais plus que de style alpin, léger et rapide, sans cordes fixes. Avec un certain cynisme, Andrzej Zawada pressent le futur de l'alpinisme : *« Le progrès consistera certainement à grimper le plus vite possible par les voies les plus difficiles, en hiver, sans oxygène, sans nourriture et, bien sûr, nu. Voici l'idéal vers lequel*

1. Gertrude Reinisch, *Wanda Rutkiewicz. A Caravan of Dreams*, Carreg, Ross-on-Wye (Angleterre), 2001.

2. Bernadette McDonald, *Libres comme l'air*, *op. cit.*

nous tendons, à l'époque où manquent les montagnes, les parois, les arêtes vierges. Heureusement, ça ne me concernera plus[1]. »

En 2005, après dix-sept années sans premières polonaises, entre dans la course un Italien de 37 ans, le teint doré, de petites lunettes rectangulaires et une silhouette sèche qui lui donne des airs de coureur cycliste : Simone Moro. Le Sud-Tyrolien né à Bergame, en Lombardie, la ville du grand Walter Bonatti, n'est pas arrivé par hasard dans l'hiver himalayen ; il l'a consciencieusement choisi. Simone Moro a toujours rêvé de devenir alpiniste, admirant davantage son compatriote et inspirateur Reinhold Messner que les joueurs de foot adulés par sa génération. Il intègre l'équipe nationale italienne d'escalade à 20 ans, après s'être fait la main dans les Dolomites. En 1992, sur l'invitation d'un grimpeur renommé, Agostino Da Polenza, il participe à une expédition scientifique visant à mesurer l'Everest. Pris d'un œdème aux abords de la « zone de la mort », par manque d'acclimatation, Simone Moro est évacué. C'est un échec – et ce ne sera pas le seul –, mais l'alpiniste n'abandonne pas pour autant ses ambitions. Une fois sa carrière enclenchée, il se dit que collectionner les 8 000 mètres n'est pas un projet qui lui sied. La course aux quatorze 8000 lui paraît être une entreprise vaine, éculée. La « couronne de l'Himalaya » n'est qu'une vulgaire répétition, longue, ardue, chère, dépourvue de l'attrait de l'exploration. Non, Simone Moro veut se distinguer autrement. Sa

1. *Vertical*, Grenoble, décembre 1986.

première expérience avec la froide saison remonte à 1993, dans l'hémisphère Sud : en août, l'Italien a gravi l'Aconcagua. *« Je suis tombé amoureux de l'hiver »*, nous déclare-t-il carrément. En étudiant l'histoire de l'alpinisme, il découvre l'héritage polonais et, intrigué, constate qu'aucune autre nationalité ne s'est invitée dans cette aventure passionnée. *« Quand ils n'avaient rien, nous avions du chauffage dans nos maisons, l'eau chaude, toute la nourriture qu'on voulait, l'équipement adéquat pour grimper, l'argent, la liberté, les passeports... Eux s'accrochaient à leur volonté et à leur immense rêve. Ils étaient beaucoup plus motivés et habitués à souffrir. »* Cette détermination parle au jeune Italien : *« Mon père devait se battre pour trouver l'argent pour aller à l'école. Sur une fratrie de dix, il est le seul à avoir étudié. Je sais vivre à la dure et même si j'ai tout, je peux rester une semaine sans chauffage, sans eau chaude et sans manger. »*

Miser sur la saison glaciale et venteuse, même si elle fait écho à son histoire familiale, reste un choix hasardeux, à l'heure où ceux qui financent les expéditions – les sponsors – attendent des résultats rapides. Le Polonais Wielicki, pionnier sur la cime de l'Everest en 1980, dit que l'hiver est une *« aventure sans succès* [...] *comme une loterie*[1] *»*. Une rencontre va précipiter la mue de Simone Moro en animal hivernal. Celle d'Anatoli Boukreev. Ils mettent leur amitié à l'épreuve sur l'Annapurna. *« Et vous savez comment ça s'est terminé*, nous coupe-t-il. *Cette expédition a été tragique. »*

1. Dans le film *Zima na Shishe*, réalisé par Dariusz Zaluski, 2005.

Seul rescapé, Moro en revient bouleversé. « [Dans ce domaine]*, il est plus facile de perdre un ami que de s'en faire un.* »

Fin 2004, le Sud-Tyrolien se trouve devant le Shishapangma (8 027 mètres). L'hiver précédent, il a été forcé de faire demi-tour à 7 700 mètres, mais il a saisi une chose essentielle : *« J'ai compris que ce n'était pas impossible. »* Ce 8000, considéré comme l'un des moins difficiles, est un sommet isolé, entièrement situé au Tibet. C'est dans les étendues blanches de ce massif qu'Hergé place l'action de la BD *Tintin au Tibet*. Le Shishapangma a été la dernière plus haute montagne à avoir été conquise, en 1964. Ce fut le fait d'une équipe chinoise – le Tibet ne fut ouvert aux étrangers qu'en 1980. Simone Moro connaît bien ce géant, pour l'avoir fréquenté en 1994 et 1996, à la saison dite « normale ». Pour sa deuxième tentative en hiver, l'alpiniste s'est encore entouré de spécialistes du froid, des héritiers des « guerriers des glaces », qui l'ont inspiré et avec qui il espère enfin réaliser une première. Des Polonais.

Janvier 2005, au pied du Shishapangma. Le camp de base est installé à 5 200 mètres, sur la rive sud d'un lac gelé, d'où il est possible, pour peu qu'il y ait du soleil, de casser quelques centimètres de glace afin d'obtenir de l'eau. Les quatre alpinistes, ainsi que le leader de l'expédition, Jan Szulc, ont chacun leur tente. Piotr Morawski et Simone Moro forment un premier duo, Dariusz Zaluski et Jacek Jawien un second. Les grimpeurs, qui se sont acclimatés au Népal les semaines précédentes, doivent installer à tour de rôle des cordes fixes dans la face sud et monter les camps intermédiaires, sans l'aide de sherpas. Plutôt que de passer par la voie espagnole, ils ont opté cet hiver pour la voie des Yougoslaves, plus longue, mais moins compliquée. Les alpinistes établissent le camp 1 à 6 500 mètres.

Sur le sommet, le vent se déchaîne avec fureur, à plus de 180 km/h. Les jours passent, le mauvais temps perdure. Les alpinistes veulent tout de même y croire : une fenêtre météo se dessine pour la mi-janvier. Le 11, ils dorment à 5 600 mètres. Le 12, au camp 1. Ils n'ont pas encore monté de camp 2 mais, le vent se calmant, ils décident d'enchaîner. Le 13 au soir, ils se tiennent sur l'arête sommitale, la cime est à leur portée. Natif de Varsovie, Piotr Morawski, 28 ans, titulaire d'un doctorat de chimie, a deux tentatives hivernales à son actif – au K2 et au Shishapangma –, pourtant il n'est jamais allé plus haut que 7 700 mètres. Il appréhende d'expérimenter la « zone de la mort » : comment son corps supportera-t-il l'altitude ?

Le camp final est enfin établi. Moro et Morawski sont censés descendre le lendemain matin, mais la nuit leur fait entrevoir un projet différent. Le ciel est dégagé, le vent ne souffle pas fort. *« Et si nous tentions le sommet demain ? Qu'en penses-tu ? »* Piotr non plus n'arrive pas à dormir. Il se redresse et allume sa frontale sous la tente. S'ils veulent avoir une chance de réussir, il leur faut partir à l'aube. Simone Moro : *« En hiver, vous ne pouvez pas partir pour l'assaut final à minuit comme en été : vous mourriez de froid. Il faut se mettre en route plus tard et être beaucoup plus rapide.* » Les alpinistes programment l'alarme de leur réveil et s'endorment tant bien que mal.

Ne surtout pas penser au sommet. Quand il se met en action, Simone Moro s'interdit de songer à l'objet de son désir. *« C'est trop dangereux d'y penser*, nous répète-t-il depuis le Népal, où nous avons réussi à le joindre par téléphone. *Fucking dangerous!* » Gravir un sommet n'a rien d'une entreprise romantique. L'esprit ne doit surtout pas s'égarer, se laisser aller à la contemplation, se faire happer par les cimes qui provoquent l'ivresse. Il précise : *« Si vous ne pensez qu'au sommet – sommet, sommet, sommet –, vient le moment où ça devient un mantra, et vous oubliez tout le reste.* » Alors Simone Moro reste concentré sur ses pas : *« Il ne doit pas y avoir d'émotion dans l'action.* » De toute façon, le cerveau, ralenti par la très haute altitude, ne consent à se focaliser que sur des pensées simples. Ses crampons mordent la neige. Un pas, deux, trois, quatre, cinq, six, sept… Il reprend : un, deux, trois… L'alpiniste connaît précisément son rythme, qui ralentit à mesure qu'il s'élève. Sa montre et un altimètre lui permettent de calculer en temps réel sa progression. Quand il n'en peut plus, quand l'effort vire à la souffrance, l'Italien compte à l'envers pour s'obliger à aller au bout d'une série. Huit, sept, six, cinq, quatre… Une pause. Au sommet, seulement, il s'autorise quelques minutes d'émotion. Il ouvre une petite fenêtre (c'est l'image qu'il utilise) dans le rythme lancinant de la montée : si tout s'est déroulé comme prévu, il devient alors admissible de ressentir de la joie et de la satisfaction. Et puis, cinq, dix, quinze minutes plus tard maximum, la fenêtre est soigneusement refermée, pour redescendre sur terre.

Trente pas, une pause. Trente pas, une pause. Le 14 janvier, Moro et Morawski s'élancent vers le sommet. Ils ont ouvert les yeux sans attendre que sonne leur réveil et sont partis à 6 heures environ, le plus légers possible – sans sac à dos, sans nourriture, sans boisson chaude, sans oxygène (ils prennent tout de même leur appareil photo). Il faut faire vite. *« Nous respirons la bouche grande ouverte et l'air glacial pénètre dans nos poumons. Mais nous n'avons pas le choix. Nous devons grimper le plus rapidement possible et cela signifie soumettre nos corps à un stress maximum*[1] », écrit Simone Moro.

Les deux alpinistes redoutent la longue arête juste avant la cime, très exposée aux rafales. Sur le plateau, pour ne pas s'envoler, ils doivent par moments se coller au sol, le piolet planté dans la neige. Il reste une heure et quart de progression. Le vent transporte de petites particules de glace qui mitraillent les visages. À ce moment-là, Piotr Morawski est sur le point d'abandonner. Son nez lui fait terriblement mal. Pour Simone Moro, la douleur n'est pas un obstacle, au contraire : *« Je ne suis pas masochiste, pas du tout. Mais c'est vrai, j'aime souffrir* [il rit]. *Dans ces moments, je trouve – comment dire ? – la possibilité de me prouver à moi-même que je suis comme mon grand-père et mon*

1. Simone Moro, *The Call of the Ice*, Mountaineers Books, Seattle, 2014.

père. Anatoli [Boukreev] *disait : "un animal de haute altitude", comme un léopard des neiges. »*

Le soleil brille désormais, le ciel est clair. Il ne reste que quatre ou cinq séries de pas jusqu'au sommet. Puis seulement dix, neuf… six pas. Passé midi, les deux alpinistes atteignent quasi simultanément la cime du Shishapangma, par – 52 °C et un vent de 115 km/h, la gorge sèche, les poumons brûlés par le froid. *« C'est la première ascension du Shishapangma dans l'hiver astronomique. Il fait très froid et le vent est fou »*, commente Piotr, face caméra. À genoux au sommet, dans sa combinaison orange, plié en deux par le vent et l'effort, il dit encore : « *C'est complètement dingue.* » Et en s'adressant à Simone Moro : *« Tu es le premier non-Polonais ! »* Le signal radio est trop faible pour qu'ils puissent partager leur joie avec le camp de base. L'Italien, qui a ouvert la fenêtre des émotions, songe à Anatoli Boukreev, avec qui il a rêvé de réussir une première en hiver, neuf ans plus tôt. *« Tandis que je regardais vers le Népal, avec le vent et la neige sur mon visage, je pensais à lui. »*

La cime d'un 8000 est une impasse. Une chose nous a frappées à la lecture de la grande majorité des récits : l'arrivée au sommet, sur lequel les alpinistes ne restent généralement que bien peu de temps – quinze minutes sur le Shishapangma –, semble presque dérisoire, comparée à tout ce qui précède. L'urgence, une fois le sommet atteint, est plutôt de ne pas mourir. Jerzy Kukuczka, étoile polonaise, l'évoque dans ses mémoires[1] : « *On m'a souvent demandé, lors de mes conférences, ce que je ressentais là-haut, au sommet. Ma réponse a toujours causé une grande déception. Que dire ? Je ne sens rien, je suis uniquement concentré sur ma respiration. Quand je suis en haut, ce qui compte le plus pour moi, c'est de descendre aussi vite que possible et retrouver la tente. Le but principal, à propos du sommet, n'est pas de l'atteindre, mais d'en redescendre !* » Ce qui dessine un intrigant paradoxe, résumé ainsi par Reinhold Messner : « *On se met volontairement en situation de danger pour ensuite tout tenter afin de s'en sortir*[2] *!* »

Passé 13 heures, ce 14 janvier 2005, Piotr et Simone entament leur retour. Le rythme, à la redescente, doit être plus rapide qu'à la montée. Un, deux, trois, quatre… Simone Moro reprend le décompte. Quatre heures de marche sont nécessaires pour retrouver la tente, 600 mètres de dénivelé plus bas. Sous la toile, ils réussissent à joindre leurs deux compagnons par talkie-walkie. « *Tout s'est bien passé aujourd'hui. On est allés au sommet.* » Explosion de joie. Les deux équipes de grimpeurs se croisent à 6 700 mètres le lendemain. Dariusz Zaluski et Jacek Jawien veulent aussi tenter leur chance, mais le temps se gâte. Alors que Piotr et Simone sont déjà rentrés au camp de base, les deux Polonais passent la nuit à 7 400 mètres, dans des conditions apocalyptiques. Ils dorment tout équipés, prêts à bondir si leur tente devait être arrachée par

1. Jerzy Kukuczka, *De la mine au sommet*, Denoël, Paris, 1990.
2. Reinhold Messner, *Le Sur-Vivant*, Glénat, Grenoble, 2015.

une rafale. Après deux heures de sommeil, à peine, les alpinistes détalent vers le bas, sans aucune visibilité jusqu'au camp de base, par – 60 °C.

L'ascension du Shishapangma, bouclée en vingt-cinq jours, a donné un nouveau souffle à l'himalayisme hivernal. Elle a aussi occasionné une guéguerre : un alpiniste français, Jean-Christophe Lafaille, était arrivé au sommet du Shishapangma le 11 décembre 2004, soit quelques semaines avant Moro et Morawski. Mais ces derniers n'ont jamais voulu reconnaître sa course comme une hivernale.

Il est sans doute plus supportable de dormir par – 20 °C sous une tente que de se pencher sur cette question : la froide saison doit-elle être définie par le calendrier astronomique, himalayen, météorologique ? Car dans la communauté alpine, chacun a sa conception de l'hiver… La polémique a commencé dès 1980, l'année de la première polonaise, quand Reinhold Messner a contesté le bien-fondé de celle-ci. Après l'expédition d'Andrzej Zawada, les autorités népalaises ont décidé que le permis hivernal débutait le 1er décembre et se terminait le 28 ou le 29 février. Les grimpeurs avaient le droit d'installer le camp de base avant le premier jour de décembre mais ne pouvaient pas commencer à grimper avant (certains puristes estiment que c'est tricher). Par la suite, l'administration à Katmandou s'est montrée beaucoup plus souple.

L'Himalayan Database, base de données de référence créée par la journaliste américaine Elizabeth

Hawley, a, pour sa part, conservé la fenêtre entre le premier jour de décembre et le dernier jour de février pour distinguer les expéditions hivernales des autres. Pour Patrick Wagnon, chercheur à l'Institut de géosciences de l'environnement (IGE) de Grenoble, et lui-même himalayiste, plus on est proche du solstice (21 décembre), plus l'hiver est effectif, de par le froid et la brièveté des journées.

Mais ce serait trop simple si l'histoire s'arrêtait là. Certains alpinistes, comme Simone Moro, ne jurent que par le calendrier de l'hémisphère Nord – du 21 décembre au 21 mars. *« Je respecte l'ancienne règle de l'alpinisme hivernal : toutes les hivernales dans les Alpes ont été faites pendant l'hiver astronomique. »* Dans une discipline non régie par des règles, chacun fixe ses propres limites, contraintes et obsessions. Xavier Fargeas nous avait prévenues : *« L'hiver est un artefact. »* Sa définition est d'autant plus évanescente et mouvante qu'il faut aussi tenir compte du réchauffement climatique.

Simone Moro sait déployer ses talents de conteur polyglotte, sur scène comme devant les journalistes. L'himalayiste star relate ses expéditions en usant d'aphorismes, s'exprimant parfois à la troisième personne. Ce performeur, toujours dans le contrôle, mène une vie d'ascète : père de deux enfants, il n'a jamais pris une cuite et n'a jamais fumé. Pendant ses périodes d'entraînement, il court chaque semaine 160 kilomètres, quelle que soit la météo. Quand nous nous sommes entretenues avec lui au téléphone au printemps, il participait au Népal à des opérations de secours en hélicoptère, son autre passe-temps.

Dans la foulée du Shishapangma, l'Italien tente à deux reprises le Broad Peak, situé dans le Karakoram, au nord-ouest de la chaîne de l'Himalaya. En 2007, les 8000 de ce massif sont vierges de toute expédition hivernale. *« J'étais curieux de savoir pourquoi et j'ai compris qu'au Pakistan l'hiver est encore plus difficile et dur qu'en Himalaya. »* Il fait demi-tour à 98 mètres de la cime. *« Ne pas se laisser piéger par l'ivresse du sommet... C'est très important si vous ne voulez pas n'avoir été qu'un bon grimpeur. C'est quelque chose que m'a dit Riccardo Cassin*[1]*, mort à 101 ans : "Simone, le plus dur, c'est de devenir un bon grimpeur âgé." Je m'en suis souvenu ! »*

Simone Moro aime citer des chiffres : toutes saisons confondues, il comptabilise soixante expéditions, seize en hiver[2] dont quatre premières. Aucun autre alpiniste n'a un tel tableau de chasse. Il nous parle comme si nous étions demandeuses de conseils pour quelque projet himalayen. *« Une ascension hivernale n'est pas la version froide d'une ascension estivale*, insiste-t-il. *Le froid n'est qu'une des caractéristiques. Il y a du vent, bien sûr, mais il faut dire également qu'il n'y a pas d'eau, car les rivières ne coulent pas ; même au camp de base, vous devez faire fondre de la glace. Les ascensions sont longues et vous êtes dépendant de ce que vous portez*

1. Première ascension de l'éperon Walker, dans la face nord des Grandes Jorasses, en 1938, avec Luigi Esposito et Ugo Tizzoni – entre autres ascensions d'envergure.

2. En 2019.

sur vous. Et puis l'autre difficulté, c'est la fenêtre météo. En un hiver, il y en a trois au maximum, et vous devez rester au camp de base pendant trois mois pour la saisir. Psychologiquement, ça peut être dévastateur. »

Il y a, dans l'alpinisme, une dimension exploratoire qui a incité les premiers hommes à s'aventurer sur les montagnes, longtemps considérées comme un monde isolé et inquiétant, empli de légendes (dans les Alpes, les neiges éternelles étaient considérées comme un purgatoire pour les âmes pécheresses). Le 28 juin 1492, l'année durant laquelle Christophe Colomb prit la mer pour découvrir les Indes, Antoine de Ville marcha, « pour rien », jusqu'au sommet du mont Aiguille (2 087 mètres), une dent sublime du massif du Vercors. On peut imaginer l'émotion des premiers hommes qui ont gravi les 8 000 mètres. Pour certains, la pratique s'apparente à une recherche historique. « *On touche à quelque chose qui a été dissimulé aux hommes depuis la Création, donc quand tu atteins ce lieu, c'est comme si tu atteignais ses débuts*[1] », décrit Kurt Diemberger, alpiniste autrichien, premier homme à avoir foulé les cimes du Dhaulagiri et du Broad Peak. Il ajoute : « *Quelque chose a disparu, mais est aussi venu en nous. C'est indescriptible.* » Tels Adam Bielecki ou Reinhold Messner, nombreux sont ceux qui préfèrent se présenter comme des explorateurs et des aventuriers plutôt que des sportifs. « *Il y a quelque chose dans l'esprit humain qui pousse l'homme à explorer, à découvrir l'inconnu. On doit avoir une âme d'explorateur*

1. *Kukuczka*, film réalisé par Jerzy Porebski, 2015.

pour cela. » Simone Moro se plaît aussi à se présenter comme tel, même s'il faut préciser que, lors de ses hivernales, il a majoritairement choisi des voies maintes fois empruntées… *« À ce moment, à cette saison, vous pouvez voir et écouter la montagne comme c'était il y a mille ans »*, nous dit-il à propos de l'hiver.

Les alpinistes entretiennent un rapport pragmatique aux risques, qu'ils divisent en deux catégories. Il y a d'une part les « dangers objectifs », relatifs à la montagne (une chute de pierres ou de séracs, une avalanche), et d'autre part les risques qui relèvent de ceux et celles qui pratiquent la montagne. La plupart minimisent la part de risques inhérente à de telles ascensions, prétendant les maîtriser. Par déni ou rationalisation ? Simone Moro, qui se targue, comme les autres, de faire preuve de prudence, le reconnaît tout de même : *« J'ai eu de la chance.* » L'Italien, qui a échappé par deux fois à des avalanches, et qui conserve toutes ses phalanges, s'empresse de nuancer : *« Ce qui dépend de moi ne doit pas être une question de chance »*, pour que nous ne croyions pas qu'il compte uniquement sur elle.

« Pour bien monter dans ces montagnes, il faut se libérer de la peur de la mort », disait Alfred Frederick Mummery. René Ghilini, guide à Chamonix, nous a assuré que l'acceptation de la mort était un préalable à la pratique de l'alpinisme. À la fin de chaque interview, nous ne pouvions nous empêcher de penser que l'alpiniste à qui nous venions de parler périrait peut-être en montagne le mois d'après, l'année suivante… Et lorsque nous cherchions à joindre tel ou tel autre,

la première question que nous nous posions était bien souvent : *« Est-il toujours vivant ? »*

Ce n'est pas un hasard si l'une des données compilées par la base de statistiques créée par Elizabeth Hawley est la mort. Chute, accident, hypoxie, épuisement, froid : dans l'Himalayan Database, toutes les causes de décès sont répertoriées, sans tabou, en même temps que l'emplacement des camps ou la voie empruntée. Ainsi, pour chaque 8000 situé au Népal, les candidats au sommet ont-ils la possibilité de connaître leurs chances théoriques de revenir vivants. Quand notre société tient le plus possible la mort à distance, les alpinistes, eux, la côtoient intimement. *« Peut-être que nous, alpinistes, en parlons plus*, observe le Polonais Adam Bielecki. *On en plaisante même. Il y a cette blague, que l'on fait souvent entre nous : "Qu'est-ce qui pend dans la paroi et qui hurle ? Un grimpeur en mauvaise posture. Qu'est-ce qui pend dans la paroi et qui pue ? Le même, deux semaines plus tard !" »*

La mort fait d'autant moins peur qu'elle n'est pas toujours violente dans l'Himalaya. *« Le froid endort. C'est un étau qui vous enserre. Mourir de froid n'est pas un problème »*, décrit le psychiatre Xavier Fargeas, qui parle aussi de *« suicide angélique »*. Maurice Herzog a approché de près cet état sur l'Annapurna : *« Il fait bon... Je vais mourir dans ma montagne... Mon corps est insensible, tout est glacé*[1]... »

1. Maurice Herzog, *Annapurna, premier 8000*, Arthaud, Paris, 1951.

***

D'épais morceaux de glace translucides sont accrochés dans sa barbe blonde et ont pétrifié ses cils. Sur son visage transfiguré se lit la stupéfaction. Avec cette photo, Cory Richards fait la une de *National Geographic*, qui le consacre « aventurier de l'année » en 2012. L'image est saisissante. L'Américain l'a prise peu de temps après avoir cru mourir dans une avalanche sur le Gasherbrum II, au cœur de l'hiver 2011. Sa mère ne l'a même pas reconnu sur cette photo.

C'est Simone Moro qui a convié le grimpeur américain de 30 ans à cette expédition dans le Karakoram, qui dura quatre semaines en tout et pour tout. Avec Denis Urubko, son compagnon de cordée au Makalu, l'Italien veut s'attaquer au Gasherbrum II. La raison est simple : le sommet n'a jamais été conquis en cette saison. Simone Moro a repéré Cory Richards pour sa rapidité, et sans doute aussi pour ses talents de photographe. L'Américain n'a qu'un 8000 à son actif, le Lhotse, gravi avec oxygène en 2010, à la belle saison, et une expérience hivernale sur de plus petits sommets. Si Moro croit en son potentiel, Cory Richards doit encore gagner la confiance de Denis Urubko, connu pour son caractère pas facile. Ce n'est pas une sinécure. *« Il n'est pas assez fort »*, déplore le Russo-Polonais dès les premiers jours. Il fait part de ses doutes à Simone Moro : *« On ne va pas réussir à aller au sommet. – Pourquoi ? – À cause de Cory. »*

Dans son livre[1], l'Italien ironise : *« Denis ne fait pas confiance facilement. Il est sceptique, toujours sur la défensive. Pas un signe, un mouvement ou un mot ne lui échappent. De plus, il souffre d'une sorte de "syndrome soviétique" : impossible pour lui de serrer dans ses bras un Américain. »*

En arrivant sur la montagne en janvier 2011, les grimpeurs ont pour unique perspective une fenêtre météo de trente heures seulement. Leur routeur météo leur promet ensuite un blizzard à tout rompre. Chaque pas est plus insurmontable que le précédent, avec un thermomètre qui descend jusqu'à – 57 °C.

Le 2 février, à 11 h 30, les trois hommes parviennent au sommet. C'est à son père, décédé quelques années plus tôt, que Simone pense alors. Au bout de vingt minutes à peine, Denis, Cory et Simone lèvent le camp, alarmés par les gros nuages noirs qui roulent dans le ciel. Lors de la descente, au milieu du brouillard et de la neige, ils entendent un bruit sourd, comme une explosion. « Avalaaaaaaanche ! » La neige les balaie sur 150 mètres. Cory Richards se souvient avoir tenté de nager pour remonter la pente, comme conseillé en cas d'avalanche, avant d'être englouti par ce qui ressemble au tambour d'une machine à laver. Sa bouche, son nez, sa combinaison sont remplis de poudreuse. Quand ils rouvrent les yeux, les alpinistes sont entourés de blocs de glace, mais conscients. Simone Moro parvient en premier à refaire surface et cherche ses

1. Simone Moro, *The Call of the Ice*, *op. cit.*

compagnons. Miracle, ils sont tous vivants ! Peu de temps après s'être libéré de la glace, l'Américain ouvre sa veste et sort sa caméra. D'abord, aucun son ne sort de sa bouche. Dans le documentaire *Cold*, qui retrace l'ascension, on l'entend ensuite pleurer comme un gosse, de soulagement et de peur. *« Il n'est pas facile de décrire l'effroi produit par ce moment : la sensation d'être pris dans la mâchoire d'un monstre primitif, d'attendre que votre colonne vertébrale se brise, que votre conscience se détache, que la montagne vous avale*[1] », écrit-il. Simone Moro raconte que Cory Richards les a ensuite pressés de descendre dans la vallée. En partant à la hâte dans la mauvaise direction, le photoreporter tombe dans une crevasse. En quinze minutes, ses deux acolytes l'aident à remonter. *« Nous marchions comme des robots, Denis et moi en tête à tour de rôle*, poursuit Simone Moro. *À ce stade, je n'avais qu'une idée en tête : descendre, descendre, mettre fin à cette torture. »*

Le selfie de Cory Richards en survivant a boosté sa carrière au sein du magazine *National Geographic*, a attiré des sponsors… Cette expérience de trompe-la-mort l'a aussi brisé. *« Le temps passant, des vagues de panique me submergeaient comme autant de mini-avalanches. J'avais des sueurs froides et des sautes d'humeur. Pour fuir ce chaos intérieur, j'ai replongé dans la boisson. J'ai divorcé de ma femme, perdu mon principal sponsor et j'ai blessé des êtres chers. »*

---

1. « Cory Richards : autoportrait d'un survivant », *National Geographic*, mai 2018.

En 2012, un an après l'accident, il fait une crise de panique en pleine ascension de l'Everest. Il est évacué en civière. Le diagnostic tombe : parce qu'il s'est vu mourir quand la neige s'est abattue sur lui, l'Américain souffre de stress post-traumatique.

L'Américain traverse depuis tout jeune des phases dépressives. Il parle ouvertement de sa bipolarité sur son compte Instagram : *« J'ai fini par comprendre que vouloir atteindre un sommet pour se soigner était aussi illusoire que ce cliché me dépeignant en héros. »* L'alpinisme l'a sauvé d'une adolescence chaotique – il a arrêté le lycée, s'est mis à boire et à se droguer. *« L'alpinisme m'a offert un projet extraordinaire ; il a focalisé mon esprit et mon corps et m'a donné un équilibre*, décrit-il. *Plus j'escaladais les montagnes, plus j'avais la sensation d'échapper à l'insécurité et à la colère qui avaient tant marqué ma vie. Après chaque ascension, je découvrais le monde à mes pieds et respirais enfin d'un souffle profond, calme et apaisé. Mais il fallait ensuite redescendre et mon tourment intérieur revenait*[1]. »

Cory Richards n'est pas le seul à avoir voulu laver sa dépression sur les hauts sommets. La montagne apaisait aussi les souffrances de Tomasz Mackiewicz, le compagnon de cordée d'Élisabeth Revol. *« On ne se bat pas contre les montagnes mais contre soi-même »*, nous a-t-on souvent répété en interview. Au téléphone, Cory Richards nous parle encore de

1. *Id.*

la montagne comme d'un lieu propice à la catharsis. *« Elle nous ouvre d'autres perspectives : on voit les choses d'une manière plus claire et plus objective. »* Et d'ajouter : *« Mais si vous y allez pour fuir, cela devient nécessairement une addiction. »* Se rendre dans cet espace minéral, dans la solitude propre à l'hiver, ressemble aussi à une retraite monacale, où l'on se reconnecterait à soi-même. *« L'alpinisme me permet, j'en suis certaine, de mieux vivre en société. Pour moi, la vie en bas est parfois pesante. J'assume un côté peut-être asocial ou antisocial. En tout cas, ce sont les bouffées d'oxygène glanées en montagne qui détendent mon rapport au monde*[1] », analyse Élisabeth Revol.

Après le Gasherbrum II, Cory Richards n'est jamais retourné dans l'Himalaya en hiver. L'avalanche l'a plongé dans un tel abîme qu'elle l'a obligé à enfin affronter sa dépression. Simone Moro jure, quant à lui, que ses nuits n'ont jamais été infestées de cauchemars, malgré les deux avalanches auxquelles il a échappé.

Existe-t-il un profil psychologique type d'alpiniste ? La question est complexe et les études limitées. Dans *Médecine de montagne*[2], ouvrage de référence, les chercheurs en psychologie du stress et des situations extrêmes Jean-Philippe Heuzé et Élisabeth Rosnet citent plusieurs travaux et concluent, avec prudence,

---

1. Élisabeth Revol, avec la collaboration d'Éliane Patriarca, *Vivre*, *op. cit.*
2. *Op. cit.*

que deux catégories se détachent : *« Un profil plus introverti, tendu, anxieux et présentant une grande sensibilité ; un profil "tête froide", indépendant, ressentant peu de culpabilité et d'anxiété. »* Pour autant, les différences individuelles sont grandes, comme le souligne une autre étude (Rivolier et Cazes, 1976), menée sur des alpinistes de haut niveau. Les deux auteurs avancent toutefois quelques traits communs : *« Les alpinistes ont un niveau intellectuel élevé, sont anxieux, introvertis, se réfugient facilement dans l'imaginaire, ont parfois des difficultés d'adaptation sociale, refusent le conformisme, parfois jusqu'à l'agressivité, ont des relations avec les autres un peu superficielles et sont individualistes. »* Cette grille de lecture, certes imparfaite et toute relative, nous donne quelques clés.

***

Après le décès de son ami Anatoli Boukreev, Simone Moro a toujours recherché des associations fortes. Il y a eu Denis Urubko, puis une jeune Italienne, Tamara Lunger, 33 ans, que son épouse Barbara, professeure de sports, lui a présentée avant qu'elle n'intègre l'équipe italienne de ski-alpinisme. Tamara Lunger est une femme énergique, d'un abord facile, qui ponctue ses phrases de grands éclats de rire. L'Italienne, originaire du Tyrol, a toujours aimé se dépasser. *« La difficulté me rend plus heureuse et satisfaite. »* Ceux qui la connaissent louent sa grande force mentale. Aussi loin qu'elle puisse se souvenir, elle a toujours cherché à prouver sa résistance – à l'école déjà, elle voulait surpasser les garçons. « *Parfois je pleurais de douleur pendant mes entraînements, mais je voulais montrer à mon corps que mon mental était plus fort que lui. Je me suis toujours battue comme ça.* »

Simone Moro, son aîné de plus de vingt ans, a été son initiateur dans l'hiver himalayen. Moins intuitif qu'elle, il lui a souvent répété : « *Tamara, maintenant on doit grimper avec la tête et non avec notre cœur.* » L'alpiniste, devenue professionnelle, sait ce qu'elle vient chercher en Himalaya à la froide saison : la solitude. « *J'aime l'hiver, non pas parce que j'aime le froid, mais parce qu'il y a peu de monde sur la montagne.* » Élisabeth Revol nous a dit la même chose. Lunger se sent bien dans ces endroits où l'on peut entendre son cœur battre. « *En fait, je crois que je suis un peu accro à la solitude de la haute altitude*, ajoute-t-elle. *On y apprend beaucoup sur soi-même. C'est une sorte de recherche qui fonctionne beaucoup mieux là-haut.* »

Affronter et surmonter sa propre détresse, dans des endroits où l'on ne peut pas vraiment compter sur les autres : voilà le plaisir que procure l'isolement. Avec le développement des expéditions commerciales, les 8000 sont devenus des lieux fréquentés au printemps, mais personne n'y emmène de clients en hiver. « *L'himalayisme hivernal ne deviendra jamais une activité commerciale* », nous avait prévenues l'historien Andrzej Paczkowski à Varsovie. Ainsi cette saison hostile offre-t-elle l'opportunité de revenir en arrière, de revivre l'expérience des premières conquêtes. « *La dureté de l'hiver est amplifiée par le fait que l'on est seul et autonome. Il y a quelque chose de vraiment beau et stoïque là-dedans »*, développe Cory Richards.

En 2016, Tamara Lunger et Simone Moro convoitent le Nanga Parbat, l'un des 8000 les plus ardus. À l'époque, il n'a pas encore été gravi en hiver, si bien que plusieurs équipes se croisent au camp de base. Élisabeth Revol et Tomek Mackiewicz sont là, mais aussi le Pakistanais Ali Sadpara et l'Espagnol Alex Txikon. Ces derniers vont inviter Simone Moro et Tamara Lunger à se joindre à leur tentative par la voie Kinshofer, qu'ils ont équipée de cordes fixes. Un créneau météo inespéré est annoncé à la fin du mois de février, après de longues semaines d'attente. Le 22, les quatre alpinistes quittent le camp de base du versant Diamir, dans la tempête. Tamara Lunger n'a pas idée de l'épreuve qui l'attend.

La jeune femme parle de la mort d'une façon détachée. Elle raconte que son rapport à celle-ci a profondément changé à l'automne 2010, au Cho Oyu, quand elle a dû aider à redescendre le corps d'un ami, Walter Nones, qui venait de se tuer. *« Je voulais devenir grimpeuse professionnelle, mais après ça, je ne savais plus si le jeu en valait la chandelle... »* De retour en Italie, elle prend 8 kilos. *« Je crois que je mangeais pour couvrir mes pensées et la peur... »* Sa passion a fini par revenir, des mois plus tard. Elle dit avoir accepté l'idée qu'elle pourrait la mener à la mort. *« Je ne peux pas rester à la maison et attendre de vieillir.* [...] *Je ferai de mon mieux pour rester en vie. »*

Comme Simone Moro, Tamara Lunger, catholique, croit en Dieu. Gravir des sommets est une façon de se rapprocher de Lui, c'est une élévation : « *Parce que je suis plus près du ciel, je me sens connectée à Lui.* [...] *Parfois davantage qu'avec mes compagnons de cordée.* » En expédition, elle Lui parle tout le temps. Au camp 3, sur le Nanga Parbat, Tamara Lunger se tourne vers la voûte étoilée pour le remercier d'être là : « *Je ne pourrais pas être plus heureuse.* » Au matin du 24 février, elle ne va pas bien. Du camp 4 (7 200 mètres) jusqu'au sommet, elle prie des heures durant. « *Je parlais à Dieu : "Faites en sorte que le vent s'arrête".* »

Les alpinistes ont chacun leur façon d'exorciser le risque, de s'arranger avec cette éventualité, de conjurer le sort. Tamara Lunger pense que la date de son décès est déjà écrite quelque part et que Dieu seul la connaît. Elle nous l'explique sérieusement : « *Cela pourrait être à la maison, sur la route, en train de nager... Pour moi, c'est quelque chose de fort qui me permet de me sentir tout le temps protégée.* » Un guide de Chamonix nous a raconté avoir connu un alpiniste qui avait recours à une gymnastique intellectuelle similaire pour tromper la peur : il disait grimper toujours avec son ange gardien. « *Non, ne t'assois pas là*, a-t-il lancé un jour au guide alors que celui-ci s'apprêtait à prendre place à ses côtés, *il y a mon ange gardien !* »

Sur le Nanga Parbat, Tamara Lunger s'épuise pendant l'assaut final. Elle compte les pas de Simone

Moro, qui progresse devant elle. *« Oh, mon Dieu, il en a encore fait cinq de plus... »* Elle tente de le rattraper mais ses pieds la font souffrir, le froid la transit, elle vomit juste après avoir bu une gorgée d'eau. Elle se sent faible, mais s'efforce de chasser cette pensée : *« J'ai chaud, je suis calme, je me sens en paix »*, se répète-t-elle, comme un mantra. Puis elle dit avoir entendu *« une petite voix intérieure : "Si tu vas au sommet, tu ne retourneras jamais à la maison" »*. Le fameux point de non-retour, que tant d'alpinistes ont dépassé au péril de leur vie. Sans un mot, elle obéit à la voix, et à quelques dizaines de mètres du sommet, tandis que ses compagnons de cordée poursuivent leur quête, elle fait demi-tour. *« Elle l'a fait pour sauver sa vie et a probablement sauvé la nôtre, parce que nous n'étions pas en condition pour l'aider à descendre »*, salue Simone Moro. Elle aurait peut-être été la première femme à surmonter le Nanga Parbat en hiver, avant Élisabeth Revol...

En retournant seule jusqu'au camp 4, l'alpiniste chute de 200 mètres sur une pente glacée, après avoir sauté une crevasse. Se voyant partir, elle pense fort à sa famille. Saisie par la peur (de souffrir, précise-t-elle, pas de perdre la vie), elle s'adresse à Dieu, encore : *« Je ne pensais pas que cela arriverait si vite... »* De la neige fraîche stoppe sa glissade au-dessous du camp. En piteux état, elle réussit à rejoindre sa tente. *« Je souffrais tellement que je n'étais pas sûre de pouvoir descendre seule jusqu'en bas le lendemain. Il n'y avait pas d'hélicoptère : qu'allait-il se passer si je n'y arrivais pas ? Allais-je mourir là où j'étais ? »* Ali

Sadpara, Alex Txikon et Simone Moro ont, eux, atteint le sommet à 15 h 17, une première. L'Italienne, qui a pleuré en silence ce soir-là, *« pour ne pas montrer* [sa] *faiblesse »*, n'a jamais regretté sa décision : *« J'ai de la chance d'être en vie. »*

Le Polonais Adam Bielecki, athée, pense que les montagnes ne sont que des empilements de rochers et de glace. *« C'est l'homme qui en fait des endroits spirituels. »* Reinhold Messner non plus ne croit pas en Dieu : *« La conscience de nos limites nous permet d'atteindre le divin en nous. »* Dans ces moments-là, écrit-il, *« la vie est plus intense que jamais. Menacée, elle trouve un sens. Quand je redescendais de la haute altitude, souffrant de fièvre, d'hallucinations ou simplement épuisé, ce sentiment de renaître me permettait de retrouver le cours normal des choses et d'élaborer de nouveaux rêves*[1]. »

Par réflexe, nous nous étions d'abord focalisées sur l'ascension elle-même, questionnant ses effets sur le corps et l'esprit. Nous en avions omis de nous intéresser à la descente ou au retour à la vie. À mesure que les alpinistes marchent en direction du niveau de la mer, l'air se fait plus lourd en oxygène – incroyable sensation de respirer de nouveau à pleins poumons –, le cerveau et le corps reprennent toutes leurs fonctions. Comme une résurrection.

---

1. Reinhold Messner, *Le Sur-Vivant*, *op. cit.*

Chapitre 5

Disparu sur le Makalu

Même s'il a bien dormi, Jean-Christophe Lafaille se réveille contrarié, ce jeudi 26 janvier 2006. Par erreur, il a déclenché le chronomètre de sa montre au lieu de programmer l'alarme, et se lève plus tard que prévu, alors qu'il doit s'élancer ce matin vers le sommet du Makalu, son douzième 8000. Environ 400 mètres de dénivelé le séparent du cinquième plus haut sommet du monde, une pyramide entourée de quatre arêtes aiguës, qui n'a encore jamais été atteinte l'hiver. Si le Français y parvient, seul, en style alpin, sans apport d'oxygène, ce serait une éblouissante première.

L'alpiniste de 40 ans, cheveux bouclés, quelque chose de doux dans le visage, allume son téléphone satellite pour joindre sa femme Katia, restée dans leur maison de Vallorcine (Haute-Savoie), avec qui il est en contact permanent. *« Ce n'est pas grave*, tempère celle qui est aussi sa manageuse et sa chargée de communication. *Il fait tellement froid dehors qu'il vaut mieux que tu partes au lever du jour... »* Le couple abrège la conversation pour permettre à Jean-Christophe de se préparer. Près de deux heures lui sont nécessaires pour s'équiper, faire fondre de la neige afin de s'hydrater et avaler ce qu'il peut. Les Lafaille ont calculé qu'il doit encore grimper pendant dix heures. Il ne démonte pas sa tente, il rentrera se glisser dans son duvet quand la nuit sera tombée. Juste avant de quitter le bivouac, passé 5 heures, Jean-Christophe appelle de nouveau Katia. L'échange est bref. Ils conviennent qu'il la recontactera au pied du couloir des Français et de la voie Messner qui mène à l'arête sommitale. Elle lui donnera les dernières informations météo, il lui décrira les options qui s'offrent à lui. Il aimerait emprunter le chemin tracé par Messner, mais craint que le vent, en balayant la neige, ait rendu la voie impraticable. Katia a demandé à une amie de venir chercher leurs enfants pour les emmener à l'école, afin de rester joignable. Au Népal, le ciel est clair, le vent modéré pour l'instant. Les deux batteries de Jean-Christophe sont chargées, son téléphone attaché à sa veste – Katia lui demande de vérifier. L'alpiniste quitte le bivouac. Dans son sac, une broche à glace, une corde, une caméra et un litre d'eau.

C'est la quête de l'engagement total qui a conduit le Français dans l'hiver himalayen. *« Il se trouve que c'est dans la difficulté qu'on se construit et qu'on se découvre, et c'est pour ça que je suis attiré par la montagne en hiver : tous les éléments sont poussés à l'extrême »*, exposait-il en 1996[1]. L'alpiniste, dont le regard a un éclat malicieux, est un taiseux. Un homme

1. *Trouvez Lafaille*, film de Christophe Rosanvallon, 1996.

discret, *« secret »*, ajoute un ami d'enfance. Quelqu'un d'habité par sa passion, toujours prévenant, modeste. Il est aussi méticuleux et concentré. En 2006, il est l'un des plus grands himalayistes français, au tout petit gabarit – il blague toujours sur sa taille : 1,61 mètre, l'équivalent d'une bonne chute de neige –, pour moins de 60 kilos. Son sens de la gravité, moins élevé que la moyenne, l'aide à évoluer sur les rochers. Il s'y est fait remarquer depuis que son père, qui travaille à l'entretien des relais télécoms, l'a mis sur les voies de l'escalade dans ses Hautes-Alpes natales. Sa souplesse, son agilité et sa rage de réussir ont fait de lui un excellent grimpeur. Son mentor, Daniel Badaroux, dit « Bada », cadre du club omnisports de Gap, lui a donné le goût de l'alpinisme en l'emmenant avec d'autres jeunes bivouaquer dans les Alpes. *« Il s'est distingué par sa volonté, sa force. Il était toujours là, à en faire plus, à vouloir se fatiguer »*, se souvient-il. *« Il était vraiment attiré par l'extrême, ce n'était jamais assez. Sur les cascades de glace, je l'ai vu, il fallait que ça soit pire que tout »*, complète Christophe Rosanvallon, un ami. Alors qu'il n'est qu'un inconnu, en 1989, sur les falaises de granit de Céüse, dans les Hautes-Alpes, Lafaille réussit en solo le « privilège du serpent », une voie classée 7c+, l'une des plus difficiles de l'époque. Après l'armée au Groupe militaire de haute montagne (GMHM) à Chamonix, Jean-Christophe Lafaille devient guide.

L'année de ses 27 ans, l'un des meilleurs spécialistes français de l'Himalaya, Pierre Béghin, alors âgé de 41 ans, lui ouvre les portes de l'oxygène rare : il lui propose de s'attaquer à l'Annapurna, en traçant une nouvelle voie dans son immense face sud (13 kilomètres de large sur 12 de verticalité). Une proposition flatteuse pour celui qui compte à son actif quelques solos dans les Alpes – dont plusieurs ouvertures de voies en hiver, déjà –, mais qui n'a aucune expérience de la démesure de l'Himalaya – il n'a jamais dépassé 6 000 mètres. Lafaille accepte, évidemment. Il en reviendra marqué à vie.

À 7 200 mètres d'altitude environ, sur l'une des plus grandes parois du monde, raide et très technique, alors que la cordée bat en retraite pour cause de tempête, un coinceur métallique lâche. Pierre Béghin chute sans un cri. Lafaille a gardé le souvenir du regard qui s'est planté dans le sien quand le corps de l'alpiniste, tourné vers le ciel, s'est décroché, pour bientôt ne plus être qu'un point, plusieurs centaines de mètres plus bas. *« J'ai mis un visage sur la mort. »* Prostré sur la paroi, le jeune Lafaille tremble, hurle et sombre dans un état de quasi-inconscience, avant que le vent et le froid ne le fassent se ressaisir. Pendant cinq heures, il désescalade sans corde la paroi, avec une peur de tomber à lui tenailler le ventre. Accepter que son corps lâche lui permet de gérer l'incertitude de certains mouvements qu'il doit accomplir. *« L'habitude de grimper seul, d'avoir fait beaucoup de solo, m'a permis de me bouger vers le bas*[1]. *»* L'alpiniste se bat cinq jours durant. Lors de la descente, une pierre lui fracture l'avant-bras droit. Lafaille perd connaissance. La douleur est affreuse.

---

1. Christophe Lachnitt, *Entre la vie et le vide. Les Alpinistes professionnels et la peur*, autoédition, 2011.

Il pleure, envisage de mourir là, en sautant dans le vide. Puis son instinct de survie reprend le dessus. Il finit par atteindre, hagard, le camp de base, le visage cramoisi par le soleil et le froid. À son ami Christophe Rosanvallon, sur son lit d'hôpital, il déclare : *« Je ne retournerai plus là-haut. »* Cette résolution ne dure pas. L'Himalaya l'a aimanté. L'année d'après déjà, Jean-Christophe Lafaille atteint les cimes du Cho Oyu, son premier 8 000 mètres.

En 1970, l'un de ses modèles, Reinhold Messner, avec qui il partage une même vision de l'engagement – *Le 7e Degré*[1] est son livre de chevet –, a erré une semaine entière sur le Nanga Parbat, *« sa montagne maudite à lui »*, après que son frère a été emporté par une avalanche. Tout comme Messner gravit une nouvelle fois le Nanga Parbat, en solo, en 1978 – avant d'y retourner, en 2005, identifier le corps de son frère –, Lafaille est retourné à trois reprises sur les pentes de l'Annapurna, pour l'exorciser. Bien sûr, on ne sort pas indemne d'une expérience de survie ; Messner, Revol, et bien d'autres en témoignent : elle s'imprime dans le corps et l'esprit. Jean-Christophe Lafaille, qui s'est fait aider par un psy, admettait avoir eu du mal à s'en remettre. La culpabilité inhérente au « syndrome du survivant » tourmentait ses nuits de cauchemars, la peur des rappels l'a toute sa vie pourchassé. *« J'ai développé une vigilance aiguë[2] »*, disait celui qui a

---

1. Reinhold Messner, *Le 7e Degré*, Arthaud, Paris, 1975.
2. « 10 ans au top niveau », propos recueillis par Christophe Raylat, *Montagnes Magazine*, Grenoble, décembre 1996.

enseigné plusieurs années à l'ENSA (École nationale de ski et d'alpinisme) à Chamonix. Même si cette expérience lui a désigné ses limites et a mis en lumière ses hallucinantes capacités de résistance, son premier contact avec l'Himalaya est resté son pire souvenir. *« Après ces cinq jours-là, je sais ce que vaut la vie et j'ai vu de l'autre côté* […] *Je suis allé goûter de très près comment c'était*[1]. *»* L'Annapurna est l'une des raisons qui l'ont poussé à continuer de grimper en solo. *« Depuis 1992, je n'ignore rien du pire. J'ai construit sur un drame, d'où un relatif détachement, teinté de méfiance et de scepticisme*[2]. *»* Dix ans plus tard, en 2002, il réussit enfin à atteindre le sommet de l'Annapurna, avec le Basque Alberto Iñurrategi. Au sommet, il s'assoit sur l'arête, tourné vers la face sud, les pieds dans le vide. Il pense à Pierre Béghin.

En janvier 2006, quand il s'apprête à escalader le Makalu, Lafaille est au sommet de son art. Ce n'est pas la première fois qu'il convoite celle qui est considérée, dans l'histoire de l'alpinisme, comme une montagne « française », la première ayant été réalisée en 1955 par Lionel Terray et Jean Couzy. Deux ans auparavant, Lafaille, épuisé, a dû renoncer. Cette année, il est surentraîné. Il n'a que cet objectif en tête depuis au moins une année. Il lui reste trois sommets à gravir pour devenir le premier Français à boucler les quatorze 8000, non pas en se contentant d'emprunter les voies normales – ce ne serait pas assez dur –, mais en

---

1. Jean-Christophe Lafaille et Benoît Heimermann, *Prisonnier de l'Annapurna*, Guérin, Chamonix, 2003.

2. *Ibid.*

essayant, autant que possible, d'en ouvrir de nouvelles. Et puis l'alpiniste a fait, en 2004, une entrée remarquée dans le jeu des hivernales, se hissant dans l'histoire de cette discipline aux côtés des « guerriers des glaces » polonais. Pour s'initier à la rude saison, il avait choisi le Shishapangma, 8 027 mètres. Un projet envisagé de longue date puisqu'il avait voulu tenter cette ascension dès 1996, en catimini, sans permis chinois… Les fortes chutes de neige l'en avaient empêché.

Le Shishapangma est un choix *« stratégique »*, affirmait-il à *Libération* en 2004. Le camp de base est facile d'accès. Les dangers objectifs sont minimes, il n'y a pas de grands glaciers à traverser. Bref, cette montagne n'est *« pas trop dangereuse, tout seul »* (ce qui, dans l'esprit d'un alpiniste, vous l'aurez compris, est tout relatif).

Le 14 novembre 2004, Lafaille arrive donc au pied de ce sommet isolé du Tibet, dont le nom sanskrit signifie « demeure des dieux ». *« Je sais que je peux réussir les quatorze sommets de plus de 8 000 mètres, mais je ne sais pas encore si je suis capable de faire une telle escalade dans les conditions épouvantables de l'hiver*, écrit-il sur son site la même année. *Cette incertitude me motive* […] *: suis-je capable de grimper en état d'hypoxie, par des températures polaires de – 40 ou – 50 °C, dans une solitude physique et mentale insondable ? Suis-je capable de tenir mentalement durant des heures et des heures dans la nuit hivernale, allongé sous ma minuscule tente devenue un carcan de froidure ? »*

Le 11 décembre 2004, à 11 h 45, par un vent de 70 km/h et une température de – 35 °C, il atteint seul le sommet, par sa face sud. « *C'était extrêmement jouissif, un peu vaniteux certainement et en même temps, tu n'es pas grand-chose là-haut*[1]... »

Lafaille en revient enhardi : « *J'ai brisé une sorte de barrière : maintenant, on sait que c'est possible* », explique-t-il sur le plateau du talk-show d'une chaîne du service public. Au Shishapangma, le Gapençais a découvert ce qu'hiver himalayen veut dire. Il n'a pas croisé alpiniste qui vive. « *Parfois, j'avais l'impression de devenir autiste. Je ne parlais pratiquement plus, je lisais, j'écrivais... C'est un état particulier* », observe-t-il à son retour. Le froid, le givre qui se forme sous la tente, il s'y était préparé. Une chose l'a néanmoins surpris : la brièveté des jours et, surtout, la longueur des nuits. « *Quand on est seul, les heures s'écoulent interminablement : on ne dort pas beaucoup et on a tendance à beaucoup gamberger* », explique-t-il dans *Alpes Magazine*[2]. Les doutes, les craintes s'immiscent, une fois le corps allongé. « *Je me suis dit qu'il fallait m'améliorer sur le plan mental, arriver à me relâcher plus.* »

Les Polonais ont longtemps soutenu qu'il était impossible de grimper en solitaire un 8000 l'hiver, sans support logistique... Krzysztof Wielicki, auteur de la première hivernale à l'Everest, ainsi que l'Italien Simone

---

1. « 10 ans au top niveau », art. cit.
2. N° 92, Le-Bourget-du-Lac, mars-avril 2005.

Moro ne tarderont pas à remettre en cause la primeur de l'ascension de Jean-Christophe Lafaille, pour des questions de date et de définition de l'hiver. Pour l'alpiniste italien, qui ne jure que par le calendrier astronomique, la saison froide commence le 21 décembre, soit dix jours après l'ascension du Français. Les Lafaille se défendent en montrant le permis d'ascension, valable pour la période du 11 novembre au 30 décembre. On y lit « Hiver 2004 ». Au Népal et au Tibet, la mousson laisse place aux vents polaires dès la fin octobre, jusqu'à fin janvier.

La polémique mine le Français, pourtant nominé pour un Piolet d'or[1] l'année suivante. Katia Lafaille se souvient que Wielicki, membre du jury, ne leur adressera pas la parole pendant la cérémonie. Le 14 janvier de cette même année 2005, l'Italien Simone Moro et le Polonais Piotr Morawski ont atteint le sommet du Shishapangma, sans oxygène ni porteurs, et ont revendiqué la première, quelques semaines après Lafaille... Obscures querelles de cimes.

Alors qu'ils farcissent la dinde de Noël 2005, au journal télévisé, les Français découvrent un petit alpiniste seul sous sa tente au pied du Makalu, en train d'ouvrir une boîte de foie gras et une petite bouteille de champagne placés dans ses sacs par sa femme... Jean-Christophe Lafaille s'est installé au camp de base

1. Distinction décernée par le Groupe de haute montagne (GHM) récompensant les ascensions exceptionnelles réalisées l'année précédente.

dit « des Japonais », à 5 300 mètres d'altitude. Il n'y a quasiment pas de neige. Autour de lui, le sol est sec, mais les prévisions météo pour les semaines à venir sont mauvaises. Du vent, rien que du vent.

Une ascension en solitaire est une entreprise de risque-tout. Personne à qui s'encorder, personne pour planter la tente les jours de fatigue intense ou pour faire fondre des pelletées de neige afin de produire un litre d'eau. Jean-Christophe Lafaille doit s'autocontrôler – il vérifie si son cerveau ralenti par le manque d'oxygène est encore capable de se souvenir de son code de carte bleue, ou bien il scrute son visage dans sa caméra pour être sûr qu'il ne souffre pas d'un œdème facial. Un solo, c'est une montagne et soi-même. Lafaille, dans *Prisonnier de l'Annapurna*, cite Pierre Béghin : *« Là-haut, c'est à la fois un sentiment d'exaltation et de peur que je goûte. D'exaltation parce que l'on a l'impression de dominer le monde. D'avoir parcouru à la verticale des centaines, des milliers de mètres, et de dominer ce monde très lent, avec ses mers de nuages, ses vallées très sombres. Mais dans le même temps, c'est la peur, parfois même la terreur. On a vraiment l'impression d'être très loin de tout et dans une situation extrêmement précaire. D'être loin de ses bases. De s'être perdu au bout du monde. En haut du monde. De ne même plus pouvoir imaginer le chemin du retour. »* Le sentiment de vulnérabilité, encore plus prégnant l'hiver, attire Lafaille. Au Makalu, il n'y a aucune autre expédition à proximité. *« Ce que je vais chercher dans la solitude ? Souffrir. Souffrir un peu plus. Être seul dans sa tente à 7 000 mètres, c'est flippant. Et jouissif*[1]. » Le Gapençais sait parfaitement que le point de non-retour arrive très vite dans cette région. Ce n'est pas comme dans les Alpes : impossible d'espérer obtenir du secours, à moins d'avoir une chance de damné. *« L'idée de ne dépendre de personne, cette absence de recours me motive plus que tout*[2]. »

En 2003, Jean-Christophe Lafaille a failli laisser sa vie sur les pentes du Broad Peak, son onzième 8000. Cette année-là, il comptait enchaîner trois 8000. Mais sur le troisième, après le Dhaulagiri et le Nanga Parbat, il est victime d'un début d'œdème pulmonaire à la descente. Il tombe dans une crevasse à 7 500 mètres, parvient à s'en sortir. Agonisant, il finit par retrouver sa tente. Katia, avec qui il communique par radio, lui ordonne de descendre immédiatement, en pleine nuit. Sur son chemin, il croise une cordée de Kazakhs, dont Denis Urubko… Tandis que Lafaille est au bout de ses forces, les grimpeurs lui donnent du thé, des médicaments et Urubko, ce saint-bernard des hautes cimes, connu pour avoir sauvé plusieurs de ses confrères, le ramène au camp de base.

« Dans l'alpinisme de haut niveau, l'idée que ça puisse mal se passer est extrêmement attirante », expose au téléphone Bernard Muller, guide, que nous avons contacté parce qu'il fait partie des Français ayant goûté à l'hiver himalayen, en 1984, sur l'Annapurna,

---

1. « Himalaya mon amour », par Marie-Dominique Lelièvre, *Libération*, 28 octobre 2003.
2. *Ibid.*

avec Laurence de la Ferrière. *« Quel plaisir d'être dans une zone où la seule personne qui peut s'en sortir, c'est vous. Vous vous appartenez complètement. Je l'ai vécu quelques fois dans ma vie et j'ai fait en sorte que ça ne devienne pas une addiction. »* L'alpiniste reconnaît qu'il n'aurait jamais tenu ce discours il y a vingt ou trente ans. *« Rétrospectivement, je réalise que je me suis construit à travers ces choses. Un temps, j'avais même le sentiment que la montagne méritait cet engagement... Mais non. Aucun sommet ne mérite le sacrifice de sa vie. »* Ce qui fait écho aux propos de René Ghilini, guide lui aussi : *« Il y a des périodes durant lesquelles on se sent immortel, en général entre 20 et 30 ans. Il faut passer cette période-là et après ça va mieux. Certains ne passent jamais le cap... »*

Jean-Christophe Lafaille était un personnage prométhéen. *« C'est un parfait "conquérant de l'inutile" »*, résume l'ancien rédacteur en chef de *Vertical*, Jean-Michel Asselin, reprenant la formule géniale de Lionel Terray. Lafaille voulait s'inscrire dans l'histoire, se hisser à la hauteur des Messner et Desmaison. *« Il faut toujours se méfier des personnes de petite taille : elles veulent faire de grandes choses »*, plaisante Yan Giezendanner, son routeur météo, basé à Chamonix. Philippe Descamps, ancien rédacteur en chef de *Montagnes Magazine*, a longtemps réfléchi à ce qui poussait les alpinistes là-haut. Lui aussi constate que tous les grands alpinistes qui l'ont fait rêver à 15 ans ont disparu en montagne. *« Ce ne sont pas des héros ni des exemples pour le commun des mortels*, tranche-t-il. *Ce qu'ils font est héroïque, ils poussent au maximum le dépassement de soi et la confrontation avec le danger, mais les raisons pour lesquelles ils le font sont souvent beaucoup plus prosaïques ou se nichent dans des inconscients tourmentés. »* Et de citer une de ces raisons, mortifère : la quête de notoriété. *« C'est une escalade et un piège. Beaucoup s'y sont fait prendre. »* La montagne se fout de la vanité de ceux qui la grimpent… Le journaliste poursuit en interrogeant : *« Qui illustre le mieux cette dangereuse quête de notoriété, dans le domaine des hivernales ? »* On devine le nom qu'il s'apprête à prononcer : Jean-Christophe Lafaille.

Jamais le Français n'a poussé aussi loin l'engagement que sur le Makalu – l'engagement est pour les alpinistes l'euphémisme qui désigne la prise de risques. Un 8000 sans oxygène, l'hiver et en solo : Lafaille a empilé les difficultés, en sachant parfaitement quel pouvait en être le prix. On sait que les alpinistes trouvent en montagne une intensification de l'existence, une jouissance à se surpasser, une confrontation avec eux-mêmes. *« Ce qui est humain, c'est essayer d'aller voir jusqu'où on peut aller*[1] *»*, formulait Lafaille. Mais comment savoir quand on touche la limite ? Pourquoi s'en approcher jusqu'à la transgression ? C'est précisément ce qui, dans son histoire, nous a captivées.

En ce début d'année 2006, sur le Makalu, Jean-Christophe Lafaille est retenu deux longues semaines par une météo dantesque qui lui permet à peine de

1. *Trouvez Lafaille*, film de Christophe Rosanvallon, 1996.

s'acclimater. Le 10 janvier, il monte au col Nord, le Makalu La, mais le vent est si fort (120-130 km/h) qu'il le couche à terre. Le lendemain, le souffle arrache l'une de ses deux tentes et l'oblige à redescendre. À deux reprises, il est soulevé par une rafale épouvantable, se retenant tant bien que mal grâce à ses piolets. Au bivouac, sous la tente, la température avoisine les – 30 °C. Le 18 janvier, au camp de base, les sherpas élèvent un muret de pierres pour protéger les tentes dans lesquelles s'est immiscé le sable transporté par le vent.

« 80 % de la réussite ou de l'échec d'une ascension sont liés à ce qui se passe dans ma tête », explique Lafaille en mars 2005 sur un plateau télé. L'alpiniste compare d'ailleurs souvent l'Himalaya à une partie d'échecs. Il s'agit de résoudre un problème, en faisant preuve de stratégie. *« Tu rassembles tes forces, tu pousses tes pions. »* Et à la moindre erreur ou distraction, la partie est perdue.

Jamais Jean-Christophe Lafaille n'a autant médiatisé une partie d'échecs que durant son expédition au Makalu. Sa femme publie régulièrement de ses nouvelles sur le site jclafaille.com. *« Lafaille était dans le plus, sans arrêt. Il poussait le bouchon, avec cette particularité qu'il annonçait la couleur, comme lorsqu'il a dit : "Je pars au Makalu en hiver." C'est sa compagne qui avait compris l'intérêt de telles annonces »*, commente Jean-Michel Asselin.

TF1 diffuse les images de l'alpiniste français, envoyées par satellite, dans de courts reportages que nous avons visionnés un par un. Nous avons lu toutes les interviews de lui que nous avons pu trouver. Plus nous avons enquêté, plus le personnage, sans doute l'un des plus tourmentés de notre récit, nous a intriguées.

Au camp de base du Makalu, Lafaille se brouille avec le cuisinier, qu'il connaît pourtant d'une expédition précédente, et ses deux aides de camp ne parlent pas un mot d'anglais. Les journées n'en finissent pas, il n'a personne avec qui bavarder… Pour tuer le temps, il écoute de la musique, lit (*Da Vinci Code* et la biographie de Jim Morrison), écrit ou se repasse le film qu'il emporte toujours en expédition, *Et au milieu coule une rivière*[1] (il était fou de pêche à la mouche). Jamais les Lafaille n'ont dépensé autant d'argent pour les communications par satellite que pendant cet hiver-là : près de 10 000 dollars. Tandis que Jean-Christophe se trouve au camp de base, le couple s'appelle quatre ou cinq fois par jour ; Katia lui passe souvent Tom, leur fils de 4 ans ; l'alpiniste se languit de les retrouver. Ils parlent de leur prochain tour du monde : si tout se passe comme prévu, dans quatre ans, ils sillonneront les États-Unis en famille… Après le Makalu, ne restent plus que l'Everest et le Kangchenjunga, deux 8000 que Jean-Christophe voudrait grimper, ces fois-ci, par la voie et à la saison dites « normales ». Avec Katia, ils ont prévu de publier un livre en 2010, quand il sera devenu le premier Français à avoir gravi les quatorze plus hauts sommets du globe. La notoriété leur assurera un bel avenir, croient-ils. Après – comme il n'a cessé

1. Film de Robert Redford, 1992.

de le dire dans des interviews –, Jean-Christophe voudrait arrêter la très haute montagne. Était-il fatigué de cette course folle, comme on a pu le lire ? En mai 2005, quand l'Américain Ed Viesturs, ami et ex-compagnon de cordée, a bouclé son dernier 8000, le Français a dit à sa femme qu'il l'enviait. La poursuite de la « couronne de l'Himalaya » est un engrenage impitoyable : une fois entamée, difficile d'arrêter.

L'écrivain et alpiniste Erri De Luca estime que les cimes himalayennes ne devraient pas tenter un homme plus d'une ou deux fois dans son existence, *« sinon cela devient un vice. Le désir incessant d'y retourner est une forme de persécution que l'on s'inflige personnellement*[1]. » Le Suisse Erhard Loretan disait plus simplement : *« Les 8000, c'est comme les cacahuètes, on ne devrait pas commencer. »* Benoît Chamoux est le Français à avoir été le plus proche de terminer la collection. Il a disparu dans l'ascension de son quatorzième 8000, le dernier de sa liste, le Kangchenjunga, le 6 octobre 1995.

À son bureau de Chamonix, Yan Giezendanner observe enfin une fenêtre météo favorable pour la fin du mois de janvier. Sept jours sans vent ou presque, c'est inespéré. Le 25, Jean-Christophe Lafaille plante donc son dôme de toile ultraléger à 7 600 mètres, pour passer sa dernière nuit avant l'assaut final vers le sommet. Katia se souvient que ce soir-là, au téléphone,

---

1. Erri De Luca, « Dans l'escalade, j'ai découvert un bonheur physique », *Le Monde*, 28 mars 2014.

Jean-Christophe lui a parlé d'un restaurant japonais où il voulait qu'ils s'attablent à Katmandou, quand elle le rejoindrait pour une semaine de détente après l'ascension. Elle lui a reproché de ne pas se concentrer sur la montagne ; il lui a répondu que ça l'aidait à tenir. *« Je lui ai dit qu'il pouvait faire demi-tour »*, assure-t-elle. Ce n'est pas ce qu'il a choisi de faire.

Katia Lafaille est une belle femme aux longs cheveux blonds ramassés en chignon, la peau dorée en ce début d'été. Ses souvenirs sont extrêmement précis, ses réponses pro, très maîtrisées. Jean-Christophe, qui a eu une fille d'un premier mariage, a dîné chez elle un soir de fin 1998 et ils ne se sont plus quittés. Elle nous reçoit dans un studio du centre de Chamonix, car elle est en plein déménagement : l'ancienne école de Vallorcine où ils s'étaient installés avant la naissance de leur fils Tom, a été vendue. La porte-fenêtre du studio, donnant sur un petit balcon, encadre le mont Blanc et le glacier des Bossons, au loin. Katia déplie deux chaises en bois, ôte la poussière avec la main, et les oriente, côte à côte, face à la montagne.

Jean-Christophe ne l'a jamais rappelée comme convenu, au pied du couloir des Français. Katia : *« Très rapidement, j'ai su que c'était terminé. »* Quelques jours après la disparition de son époux, elle a survolé le Makalu en hélicoptère – les photos ont été publiées dans *Paris Match*[1]. Elle a reconnu la tente jaune du camp intermédiaire, mais la brume ne lui a pas permis de distinguer d'autres traces. On ignore

1. N° 2959 du 2 février 2006.

ce qui s'est réellement passé. Simone Moro imagine que l'alpiniste a été fauché par une violente rafale. Yan Giezendanner pense qu'il a chuté en sortant de sa tente. Katia Lafaille est certaine que son mari est tombé dans une crevasse.

Il y a treize ans, quand Jean-Christophe n'a pas rappelé, elle a contacté Ed Viesturs, ami de la famille, pour qu'il décrive précisément la fin de course sur la face nord du Makalu. L'alpiniste américain lui a parlé d'un long plateau, lacéré de failles. Elle fixe un point au loin. Les nuages, avec le soleil, forment une mosaïque de lumière sur le glacier des Bossons, comme un vitrail. *« Ce qui est fou, c'est qu'avec Jean-Christophe, on ne se cachait pas les choses, les "dangers objectifs". On analysait une montagne, ses dangers, et on essayait de trouver des solutions. Et ce plateau, on n'en a jamais parlé. Ou si, mais jamais des crevasses. Pourquoi ? »* Katia pense que Jean-Christophe n'est pas mort tout de suite après sa chute, mais quarante-huit heures plus tard. Qu'il a eu le temps de penser à tout ce qu'il allait perdre et à la façon dont le chagrin allait meurtrir ceux qu'il aimait. Elle le sait parce qu'elle dit avoir eu une vision, durant la nuit où elle croit qu'il l'a quittée. Ils étaient tous les deux à Chamonix, ils marchaient : *« Dans mon rêve, je lui demandais : "Mais il y a ce plateau, et si tu tombes dans une crevasse, comment on va faire ?" Et il me regardait en rigolant : "Tu sais très bien que si je vais là-bas, c'est justement pour ça. Si je fais une erreur, on ne peut pas venir me chercher et c'est ce qui m'attire dans ce que je fais : ne pas avoir droit à l'erreur."»*

Quelle est la différence entre un engagement extrême, total, et un suicide ? On le sait, les alpinistes aiment la vie, ne serait-ce que pour continuer de grimper. Mais toucher la frontière entre la vie et la mort, dans des lieux où il suffit de s'asseoir et de patienter pour disparaître sans douleur, est quelque chose qui attire nombre d'entre eux. Quand les risques encourus sont si énormes, n'impliquent-ils pas tout de même une forme de lâcher-prise sur l'existence ? *« À un moment, tu vas toujours avancer plus loin, plus loin, et c'est une route à sens unique, c'est la mort à la fin et ça, c'est pas facile à digérer*[1] *»*, confessait Ueli Steck[2]. Lui, décrivait avoir atteint, dans un moment très exposé, un état d'abandon. *« Peut-être que tu ne rentreras pas à la maison, et ça t'est égal. »* Au retour de la première ascension en solo de la face sud de l'Annapurna en 2013, le Suisse avait souffert de dépression, comme les astronautes après avoir réalisé le projet d'une vie, victimes du « syndrome d'accomplissement absolu ». À quel moment s'arrêter ? Tenter l'impossible fait partie de l'histoire de l'alpinisme. Quand l'issue est funeste, on peut penser que le grimpeur est allé trop loin… Mais si Jean-Christophe Lafaille était rentré, son ascension aurait été applaudie.

---

1. *On ne marche qu'une fois sur la Lune*, film de Christophe Raylat et Bertrand Delapierre, 2014.

2. Le Suisse Ueli Steck (1976-2017), Piolet d'or 2009, s'est illustré par ses ascensions en temps record et en solo, dans les Alpes comme en Himalaya. Il a trouvé la mort au Nuptse, sommet voisin de l'Everest.

Le nom de Katia Lafaille est revenu comme un refrain au fil de nos interviews, mêmes termes ou presque, pour évoquer un basculement. Des proches de Jean-Christophe Lafaille se sont exprimés dans la presse, juste après sa disparition, et en les lisant, nous n'avons pas pu nous empêcher d'y voir d'abord un soupçon de sexisme. L'alpiniste est-il allé au Makalu en son âme et conscience ? Katia Lafaille a été accusée d'avoir vampirisé son mari, de l'avoir poussé dans une spirale infernale. Quand ils se sont mis en couple, il était guide et professeur à l'ENSA. Tant bien que mal, il gérait avec amateurisme les quelques sponsors qui le soutenaient déjà. Elle a commencé à faire le lien, de façon informelle et, en 2002, ils ont fondé une SARL : Lafaille Communication. Elle a fixé des règles, a fait l'entremise avec les journalistes. *« Tu dois te structurer. Définir un objectif. »*

Ce sera la course aux quatorze 8000. Le couple s'y consacre entièrement. Même ceux qui n'apprécient pas Katia le reconnaissent : elle a galvanisé Jean-Christophe, l'a propulsé à la vitesse supérieure. Elle planifie ses entraînements, son régime diététique. Elle gère l'alpiniste comme un sportif de haut niveau. *« Il savait qu'il prenait des risques, plus de risques. C'est pour ça qu'il s'était préparé comme jamais pour le Makalu »*, justifie Katia. D'autres préfèrent parler de surenchère, d'une dangereuse spirale *« exploit-médias-sponsors »*... *« À mon avis, elle s'est fourvoyée dans sa fonction*, analyse Jean-Michel Asselin. *Il était au-delà de ses propres désirs quand il s'engageait dans l'hiver. C'était de l'abnégation. »*

À la fin de sa vie, Jean-Christophe Lafaille s'était éloigné de beaucoup de ses proches. Certains racontent qu'ils n'ont gardé contact que par quelques coups de fil clandestins. Daniel Badaroux prenait des nouvelles *via* un ami commun et a même vu une fois Jean-Christophe en cachette, à Chamonix. L'ancien mentor est convaincu que Lafaille était dans une fuite en avant. Qu'une forme d'amour poussé à l'extrême le liait à Katia. Il s'en est voulu très longtemps de ne pas avoir su le comprendre à temps. Badaroux a reçu un étrange appel, alors que l'alpiniste était en partance pour le Makalu. Sans doute le relit-il à la lumière de la tragédie qui s'est ensuivie, mais il nous assure que les mots de Jean-Christophe n'étaient pas ceux qu'il employait d'habitude. *« Comment dire ? Il était beaucoup plus détaché de la vie réelle... »* Pour Badaroux, Lafaille n'est pas parti au suicide, non, *« mais en acceptant tout »*. Il nous laisse le soin d'interpréter ce que cela signifie. *« Jean-Christophe disait toujours : "On ne règle pas ses comptes avec la montagne." Je pense malheureusement que c'est ce qui s'est passé à la fin »*, regrette un autre ami écarté.

Yan Giezendanner s'était accommodé du mode de fonctionnement des Lafaille : Katia faisait toujours l'intermédiaire dans la transmission des bulletins météo. Il partage une anecdote : *« Je me souviens qu'un jour où on était en train de boire un coup chez lui, il m'a dit : "Si je meurs, tout le monde va dire que c'est à cause de Katia." Ça n'a pas manqué... »* Yan Giezendanner est d'un prosaïsme rafraîchissant concernant les choses de l'alpinisme : *« Je lui ai répondu : "Eh bien, essaie de ne pas mourir !" »* Le météorologue, dans son appartement chamoniard, a accompagné à distance des dizaines de grimpeurs dans l'Himalaya. Il n'y est jamais allé, mais connaît parfaitement ses reliefs, les endroits où il est préférable de planter le camp, la façon dont le vent ou la tempête peut vous flinguer une expé. Beaucoup d'observateurs que nous avons rencontrés dégagent une sorte de tristesse résignée – *« ils sont presque tous morts »*, déplorent-ils. Giezendanner nous avoue qu'il essaie de ne pas se lier trop fort aux alpinistes qu'il informe. *« Je sais bien qu'ils vont finir par mourir*, dit-il en haussant les épaules. *L'alpinisme, ça reste un domaine où la différence entre la vie et la mort n'est pas si importante. C'est aller assez loin pour savoir qu'on est vivant. C'est étonnant, hein ? Moi, je n'ai pas besoin de ça pour savoir que je le suis. »*

Un entretien de Jean-Christophe Lafaille avec Christophe Raylat, paru dans *Montagnes Magazine* en 1996 et que nous avons pu lire dans les archives du Club alpin français à Paris, nous a particulièrement troublées. Ses propos semblent prémonitoires… Jean-Christophe Lafaille parle de son compagnon de cordée Pierre Béghin, mort sur l'Annapurna. Lui aussi a fait des tentatives de plus en plus audacieuses malgré, note-t-il, des *« avertissements »* (dont une avalanche au Makalu en 1990). *« Voilà peut-être l'enseignement essentiel : demeurer attentif à ne pas devenir maniaque d'une activité, ne pas plonger dans une spirale de l'engagement. Je pense que, d'une certaine façon, Pierre est mort de ça. Benoît Chamoux et d'autres aussi sont morts de cet engrenage. Pour moi, c'est comme le solo, une activité un peu névrotique. Tu fais une voie, tu en fais dix, tu ne peux plus t'arrêter et, forcément, un jour tu vas perdre. »* Plus loin, l'alpiniste évoque aussi la notion de répétition : *« Lorsqu'on me parle des quatorze 8000, je m'interroge sur la démarche profonde de ceux qui poursuivent cette chimère. »*

Jean-Christophe Lafaille repose quelque part sur le Makalu, son avant-avant-dernier 8 000 mètres. L'un des plus grands alpinistes français, virtuose du rocher, un petit homme aux grandes réalisations, a disparu dans l'hiver himalayen. La montagne n'a pas encore rendu son corps.

Chapitre 6

L'inatteignable K2

Nombre d'astronautes ayant marché sur la Lune : douze. Nombre de personnes arrivées au sommet du K2 en hiver : zéro.

Début 2019, tous les 8000 ont été conquis à la froide saison – dont dix par des Polonais –, sauf un. La « montagne des montagnes », située au Pakistan, dans le Karakoram, au nord-ouest de l'Himalaya, est une splendide pyramide – 5 kilomètres de large, 3,5 kilomètres de haut – qui semble avoir été dessinée par un enfant dc 6 ans. Avec ses 8 611 mètres, cette masse de gneiss, de schiste et de granit concentre toutes les difficultés possibles en hiver : climat épouvantable, vents supersoniques, risques d'avalanche, parois raides et ultratechniques… *« Il n'y a pas un endroit comparable à cette montagne l'hiver »*, jure Michal Leksinski, porte-parole de la grande expédition polonaise de 2017-2018. Il n'y a donc pas meilleur endroit pour clorc lc dernier chapitre de la conquête hivernale de l'Himalaya. *« Nous avons commencé avec le plus haut, l'Everest, nous pouvons finir avec le deuxième, le K2*[1] *»*, rêve à voix haute Krzysztof Wielicki, pionnier sur le toit du monde à l'hiver 1980. *« Ce serait un bon scénario pour un film »*, sourit Adam Bielecki, l'une des têtes d'affiche.

Depuis la première tentative d'ascension en 1902, le K2 – K pour Karakoram, 2 étant le numéro d'ordre donné par le colonel Thomas George Montgomerie lors des campagnes de mesure trigonométrique menées par l'Empire britannique dans les années 1850 – soigne sa réputation. Quatre-vingt-six personnes n'en sont jamais revenues, pour trois cent soixante-dix-huit ascensions réussies[2]. On vous laisse calculer le ratio… Même les himalayistes les plus aguerris se pétrifient à son évocation. Citons-en deux. Greg Child, qui l'a gravi en 1990, en parle comme s'il était revenu d'outre-tombe : *« Le K2 est une mise à l'épreuve, une personnification géologique de l'angoisse. L'escalader est une confrontation permanente avec la peur de la mort. »* Jean-Christophe Lafaille décrivait ainsi l'impression produite par la « montagne sauvage » : *« C'est une montagne superbe, immense, qui écrase. Ici, les risques sont palpables, on les visualise. Non loin du camp de base, il y a ce mémorial, on se croirait dans un cimetière. Pour rejoindre le pied de la paroi, on marche sur le glacier Godwin-Austen, où un ami espagnol a retrouvé le corps de Maurice*

---

1. Interview vidéo donnée au magazine espagnol *Desnivel*, Madrid, octobre 2017.

2. François Carrel, « Drames de pic sur le K2 », *Libération*, 27 juillet 2016.

Barrard[1]*, il y a deux ans. C'est à un quart d'heure de marche des tentes où l'on vit pendant deux mois. Et chaque fois que je l'ai emprunté, j'y ai retrouvé des débris humains, un bassin, des vêtements, des chaussures. Toute l'histoire de cette montagne te pèse sur les épaules*[2]. »

Se rendre au pied de ce géant est déjà une épreuve en soi : on n'y accède qu'après un trek de 100 kilomètres, effectué en six à dix jours. Le K2 ne se dévoile qu'au dernier moment, une fois qu'on a traversé le glacier du Baltoro, l'un des plus grands du monde.

À l'heure où nous écrivons ces lignes[3], aucun alpiniste n'a réussi à dépasser les 7 650 mètres sur le K2 en hiver. Restent encore 1 000 mètres de dénivelé jusqu'à sa cime ! C'est à l'approche du sommet, quand le corps lâche et que l'esprit, en mal d'oxygène, part à la dérive, que les périls sont les plus grands. La plupart des incidents mortels ont eu lieu là. Gravir « la cheminée », une paroi de 50 mètres très raide, combinant glace et roc, requiert une sacrée dose de sang-froid. Au-delà de 8 200 mètres d'altitude, dernier obstacle, le *bottleneck*, ou « goulot d'étranglement », fait penser à un jeu vidéo pervers. L'alpiniste doit traverser un étroit couloir pentu (jusqu'à 60°), long de 100 mètres, sur lequel peuvent tomber à tout moment d'énormes blocs de glace. En août 2008, onze

1. L'alpiniste français et son épouse Liliane sont morts au K2 en 1986.

2. Charlie Buffet, *La Folie du K2*, Guérin, Chamonix, 2004.

3. Novembre 2019.

personnes y sont mortes en deux jours, après de multiples avalanches.

Comme si cela ne suffisait pas, certains ont un doute : est-il seulement possible de gravir en hiver ce « cas » ? Michal Pyka, routeur météo de l'expédition nationale polonaise de 2017-2018, est persuadé qu'un « plafond de verre » protège sa cime l'hiver. Une sorte de barrière invisible au-delà de laquelle les températures descendent jusqu'à – 50 °C. La pression atmosphérique y est si basse qu'il serait impossible pour un homme d'y survivre à cette saison sans bouteilles d'oxygène.

Krzysztof Wielicki, 69 ans, un gentil au fort caractère, l'un des derniers « guerriers des glaces » de la Pologne communiste, a passé plus d'un an à analyser cette montagne, à la scruter, à échafauder des stratégies pour s'y élever. Il l'a gravie durant l'été 1996 et a participé à toutes les hivernales polonaises au K2. En 1987-1988, les acteurs principaux de l'ascension victorieuse de l'Everest de 1980 sont là, dirigés par le charismatique Andrzej Zawada. *« On a pris une bonne leçon »*, se souvient Wielicki, yeux clairs, même petite moustache depuis quarante ans. *« On pensait que si on avait grimpé l'Everest, le Kangchenjunga, le Lhotse, tous ces pics, ce serait facile de grimper au Karakoram. Ça n'a pas été le cas*[1]. *»* Les alpinistes passent quatre-vingt-cinq jours au camp de base – la

1. Interview vidéo donnée au magazine espagnol *Desnivel*, Madrid, octobre 2017.

plus longue expédition que Wielicki ait jamais vécue. *« Et on n'a quasiment rien fait ! »* Leszek Cichy se rappelle avoir sué avec Krzysztof Wielicki jusqu'au sommet de la « pyramide noire » – une redoutable portion verticale de roche sombre et de glace. Mais à 7 300 mètres, le froid et le vent ont eu raison de leur hargne. Les Polonais ont pris conscience d'une chose : sur le K2, le climat n'a rien à voir avec ce qu'ils avaient connu dans le reste de l'Himalaya. Sa situation géographique multiplie les difficultés.

Nous avons demandé au chercheur et himalayiste Patrick Wagnon de nous expliquer pourquoi. *« Le K2 est plus au nord que l'Everest. Plus on s'éloigne de l'équateur, plus l'atmosphère s'amincit, ce qui signifie qu'à altitude égale, la pression partielle d'oxygène est plus faible. En d'autres termes, un alpiniste à 8 000 mètres sur le K2 dispose de légèrement moins d'oxygène que s'il était à la même altitude sur l'Everest. »* Il faut aussi avoir en tête que la pression atmosphérique est en général plus basse en hiver qu'en été. Conséquence : c'est comme si le K2 était plus haut de quelques dizaines de mètres à cette saison. À cela s'ajoute une météo extrême, avec des températures qui chutent jusqu'à – 60 °C. Patrick Wagnon complète le tableau : *« L'hiver, le Karakoram subit de plein fouet les grosses dépressions qui viennent de l'ouest, de l'Atlantique, de la Méditerranée : de la pluie en plaine, de la neige en montagne. Les conditions sont donc beaucoup plus dures que dans le reste de l'Himalaya, où l'hiver est certes venteux, mais bien plus sec, avec très peu de chutes de neige. »* Il y a enfin le jet-stream, puissant courant qui se forme en altitude, et souffle jusqu'à 200 km/h, parfois sans discontinuer pendant deux semaines d'affilée. Même à l'abri d'une tente, l'alpiniste a l'impression d'être frôlé par un TGV. Le K2, sommet isolé, prend de plein fouet ces rafales de la force d'un ouragan.

À l'hiver 2002-2003, Wielicki est de nouveau là. Il dirige cette fois une expédition internationale qui comprend notamment les Polonais Denis Urubko, Piotr Morawski et Marcin Kaczkan. À 7 650 mètres, les grimpeurs sont forcés de faire demi-tour. Le camp établi à cette hauteur est détruit par le vent, et, victime d'un œdème cérébral, Marcin Kaczkan doit être évacué. En 2011-2012, une équipe russe entre dans la course et monte jusqu'à 7 000 mètres. La mort de l'alpiniste Vitaly Gorelik, au camp de base, précipite le retour au bercail. Le K2 n'attire aucune autre expédition les six hivers suivants. La star de l'himalayisme hivernal, Simone Moro, l'a un temps envisagé, mais une nuit, après son ascension du Gasherbrum II, sa femme a rêvé qu'il mourait sur le K2. Alors il a juré qu'il n'y chausserait pas les crampons. Avec rationalité, il expose, en 2016 : *« Je ne suis pas superstitieux, mais j'ai deux enfants, de 17 et 6 ans, et je ne suis pas assez idiot pour aller vérifier que ce rêve était prémonitoire*[1]*. »*

En 2010, l'alpiniste Artur Hajzer, « guerrier des glaces » de 48 ans, lance un programme pour l'himalayisme hivernal polonais, dont le but est de ravir les

1. « Je n'ai jamais autant désiré le Nanga Parbat que cet hiver », par Patricia Jolly, *Le Monde*, 14 mars 2016.

derniers 8000 jamais gravis l'hiver. Mais Hajzer, en qui Adam Bielecki voyait un leader de choix, décède trois ans plus tard, au Gasherbrum I. Il faut plusieurs années à la Fédération polonaise d'alpinisme pour former une équipe et trouver l'argent. Budget de l'expédition de 2017-2018 : 1,5 million de zlotys, soit environ 340 000 euros, dont les deux tiers proviennent d'une bourse du ministère des Sports. L'expédition la plus coûteuse de l'histoire polonaise porte un nom martial : « Le K2 pour les Polonais ». Son chef ? Krzysztof Wielicki, encore lui. Cette année-là, la montagne ne le décevra pas : elle enverra de la neige et des pierres sur ceux qui tenteront leur chance, les balayera de vent, divisera les hommes ou les rendra fous, c'est selon.

Le 31 décembre 2017, les treize grimpeurs polonais réveillonnent sobrement à Skardu, au nord du Pakistan. Après un trek de six jours, ils arrivent au pied du K2 le 9 janvier 2018. Parmi eux, plusieurs ont réalisé des premières en hiver (Adam Bielecki, Janusz Golab, Artur Malek, Denis Urubko) et cinq ont gravi le K2 à la saison dite normale. Les hommes s'entraînent depuis des mois, ils ont même séjourné dans une chambre hyperbare, une pièce qui reproduit les conditions atmosphériques de la haute altitude. Wielicki attend beaucoup du Russo-Polonais Denis Urubko, en qui il voit le dernier « guerrier des glaces ». Mais celui qui a la faveur des médias, c'est Adam Bielecki, star des réseaux sociaux, ce qui agace passablement une bonne partie de la communauté des alpinistes polonais.

À l'heure de midi, nous le retrouvons chez sa sœur, dans un appartement du centre-ville de Wroclaw, à l'ouest du pays. *« Pourquoi des Françaises s'intéressent-elles à l'himalayisme hivernal ? »* s'enquiert-il d'emblée. En tenue de sport grise et chaussettes vert fluo, Adam Bielecki, nez aquilin, regard brillant, une longue *dread* s'échappant de sa chevelure, s'assoit en tailleur sur une chaise. L'ambitieux alpiniste parle couramment l'anglais. Rompu aux interviews, il est imprégné, clair et didactique. Sur la table basse, il y a des cafés et une construction élaborée de couches de meringue et de crème qu'Adam avale petite part par petite part. Si l'éternelle question du pourquoi nous obsède, Adam Bielecki est curieux de comprendre ce qui pousse des novices comme nous à être fascinées par ce que font des gens comme lui.

Sur l'échiquier des grimpeurs polonais, il y a les rêveurs, les poètes, comme Tomek Mackiewicz ou Wojciech Kurtyka, et à l'autre bout… Adam Bielecki. Le jeune homme, marié et père de deux jeunes enfants, gère sa carrière comme un chef d'entreprise. Il faut contacter son équipe avec anticipation pour le rencontrer : entre ses conférences et son partenariat avec un équipementier sportif pour lequel il teste des produits, Adam semble ne jamais s'arrêter. Son manager nous rapporte qu'il a même tourné dans une pub pour du shampoing. *« Je suis une personnalité controversée parce que je gagne de l'argent. Certains alpinistes pensent que je devrais uniquement grimper pour des raisons romantiques, que je ne devrais pas "vendre" cette activité. Mais j'ai une famille à faire vivre, alors je travaille dur.* »

Ce diplômé de psychologie, passé par l'illustre université Jagellonne à Cracovie, sait manier la légende nationale : « *Les grimpeurs polonais étaient les héros de mon enfance. Aujourd'hui, les gamins sont fous de Ronaldo, Messi... Moi, je suppliais mes parents de m'accompagner à des conférences sur la montagne. J'ai des photos de moi avec Zawada. J'avais un poster de Wielicki dans ma chambre.* » Adam, qui a grandi au sud de la Pologne, à deux heures et demie de route de la chaîne des Tatras, s'abreuve de récits d'alpinistes : Bonatti, les grands maîtres polonais... Dans la pure tradition de son pays, il commence à grimper l'hiver dans les Tatras. « *Enfant, je rêvais déjà d'ouvrir de nouvelles voies, de faire des ascensions hivernales, parce que c'est ce que mes héros auraient fait.* »

Mais lorsque Adam Bielecki et Krzysztof Wielicki se retrouvent ensemble au pied du K2 en 2018, l'heure n'est plus à la déférence. Adam a pris son envol et développé son style bien à lui. « *Je suis le plus rapide* », plastronne-t-il. En 2016, il faisait déjà sensation en partant s'acclimater en Amérique du Sud sur un pic andin, avant son ascension hivernale du Nanga Parbat.

Pour Jerzy Porebski, réalisateur proche des pionniers polonais, la manière dont les alpinistes ont investi la tente mess du K2, c'est-à-dire la « cafétéria » du camp de base, en dit long sur les différences entre les générations. Les jeunes grimpeurs, écouteurs aux oreilles,

les yeux rivés sur leurs ordinateurs portables, gravitent chacun dans sa bulle. C'était tout autre chose dans les années 1980. On cuisinait ensemble, on jouait aux échecs, on se racontait les histoires de la ville d'où on venait, car on avait souvent grandi au même endroit et les familles se connaissaient. En 2018, Krzysztof Wielicki rage en les voyant éplucher les bulletins météo, lui qui s'élançait vers le sommet de l'Everest sans même savoir quelles seraient les conditions là-haut. *« Nous n'avions rien à perdre. Aujourd'hui, la jeune génération ne veut pas prendre de risques. Ils ne veulent grimper que par beau temps »*, peste-t-il. *« Wielicki pense qu'on est paresseux, qu'on n'a pas de couilles*, s'anime Adam Bielecki. *Mais il a tort. Pourquoi devrais-je aller tout là-haut si je vois sur Internet que le vent souffle à 100 km/h ? Je devrai de toute façon rebrousser chemin. »* Jugement cinglant de Wielicki : *« Adam Bielecki est très fort et pourrait être un guerrier s'il tweetait moins*[1]. *»*

Au camp de base installé sur le glacier Godwin-Austen, le temps s'étire sans fin et les esprits s'échauffent, faute d'exutoire. Pour désigner l'une des précieuses qualités développées par ses contemporains himalayistes, Wojciech Kurtyka avait cette formule : *« l'art de souffrir »*. Les seuls moments agréables en hiver qu'Adam Bielecki peut citer sont la gorgée de thé avalée après un effort et, parfois, la lumière rasante du

---

1. « “Guerriers des glaces” polonais : retour sur une aventure rocambolesque », par Nathalie Lamoureux, *Le Point*, 25 octobre 2018.

matin sur l'Himalaya. Quand on lui demande ce qu'il « aime » dans les hivernales, il nous reprend immédiatement : *« Aimer ? Ce n'est pas le verbe approprié. »* Pour lui, grimper se résume en trois sentiments : le plaisir, l'amusement et la satisfaction. *« Il n'y a pas beaucoup de plaisir en hiver. »* Seule la satisfaction peut être atteinte.

Adam Bielecki parle aussi de *« l'art d'attendre »*, car l'une des composantes les plus épuisantes d'une telle expédition est de guetter la bonne fenêtre météo. Au risque d'être cloué huit jours d'affilée en bas pour cause de mauvais temps. Imaginez le supplice pour des sportifs qui ne savent pas tenir en place… *« Deux mois au camp de base, c'est très long quand les températures sont négatives, que tu dors dans un sac de couchage, dans l'humidité d'une tente où il peut geler, loin de ta famille et de tout. Tu dois trouver la motivation pour sortir la cinquième fois. Tout le monde arrive à cette conclusion : qu'est-ce que je fais ici ? A-t-on vraiment besoin que je grimpe ? »*

Alex Txikon, 38 ans, spécialiste basque de l'hiver, au physique de bûcheron, qui s'est lui heurté au K2 en 2019, préfère parler de *« l'art de la patience »*. *« Au camp de base, après le petit déjeuner, on s'entraîne tous les jours : on perd toute notre force si on ne bouge pas »*, nous explique-t-il. L'Italien Simone Moro, qui profite de ces jours « creux » pour écrire ses livres, fait lui aussi deux ou trois heures d'exercice par jour, même en cas de tempête. Voilà pour l'art d'attendre *« que la montagne te laisse faire ce que tu as en tête »*, conclut Txikon. Ce jour n'étant pas encore arrivé sur le K2.

Au cours des semaines interminables de l'expédition 2017-2018, un élément est venu semer la zizanie parmi les grimpeurs : le Wi-Fi. Nom du réseau : K2_poland. Mot de passe : Warsaw (Varsovie). Pour la première fois, les alpinistes ont un accès illimité à Internet, grâce à une antenne parabolique. *« Notre plus grosse erreur »*, regrette Michal Leksinski, porte-parole de l'expédition. Sous la tente mess, ils peuvent appeler femme et enfants, *scroller* les magazines spécialisés et donner des nouvelles sur Facebook. Fini les longues parties d'échecs et l'isolement total… *« Vous avez treize gars, avec de très fortes personnalités, enfermés dans une tente pendant deux mois, sous la surveillance de caméras et des réseaux sociaux. C'est Big Brother ou la recette d'un désastre*, détaille le porte-parole. *Avant, ils se battaient seuls avec la montagne. Il n'y avait que deux ou trois communiqués de presse pendant une expédition. Alors que là, pour la première fois, le public savait en temps réel ce qui se passait. »* Aux yeux du chef Wielicki, trop de contacts avec les familles peut être une source de démotivation. *« En mon temps, pas de nouvelles signifiait bonnes nouvelles. »* Les divisions gagnent le groupe : *« Le flot constant d'informations a commencé à influencer ce qui se passait ici*[1] *»*, observe Artur Malek, 40 ans, l'un des membres de l'équipe, qui préférait, pendant les temps morts, s'éloigner avec Marek Chmielarski, un autre grimpeur de l'équipe, pour s'entraîner.

---

1. Documentaire sur l'expédition de 2017-2018 sur le K2, diffusé par la chaîne polonaise TVN 24.

Le 22 janvier, les Polonais progressent : ils sont au camp 2, à 6 300 mètres. Quatre jours plus tard, ils apprennent que deux alpinistes sont en grande difficulté au Nanga Parbat. Le 26, Adam Bielecki annonce sur sa page Facebook l'imminence d'une opération de sauvetage. Le 28, il publie un selfie d'Élisabeth Revol, Denis Urubko et lui-même, pris en dessous du versant Diamir. Le sauvetage trouve écho dans les médias du monde entier. Michal Leksinski, le porte-parole des Polonais au K2, a découvert l'ampleur de la médiatisation en rallumant son portable, après un vol vers l'Argentine pour gravir l'Aconcagua. En quelques jours, il a dû traiter près de trois cents appels en absence. Jusqu'ici, seuls les médias polonais et la presse spécialisée suivaient l'expédition. *« Tout a changé avec le sauvetage. »*

Le 1er février, les Polonais rentrent au camp de base en héros. *« Le sauvetage réussi d'Élisabeth m'avait* [...] *mis dans de bonnes dispositions mentales »*, témoigne Denis Urubko dans la revue *Vertical*[1]. Il ne peut se retenir d'ajouter : *« J'étais très positif et quand je suis revenu* [...], *c'était pour aller au sommet, aucun doute possible. Je ne suis pas sûr que c'était le cas des autres participants... »* Ambiance. L'expédition du K2 est désormais relatée comme un feuilleton. Wielicki : *« J'ai dit à Denis : "Arrête de parler aux journalistes, cela crée des conflits." Pour moi, en expédition, il ne devrait y avoir qu'une source d'informations. »* Il se murmure même que le leader

1. Mai 2018.

aurait fait changer le mot de passe du Wi-Fi, pour qu'Urubko n'y accède plus…

Le 11 février, Wielicki change ses plans. La route des Basques, sèche, est trop exposée aux chutes de pierres. Adam Bielecki s'est cassé le nez, Rafal Fronia a été touché au bras et a dû être évacué. Les grimpeurs se reportent sur l'éperon des Abruzzes, la voie normale, plus longue. Urubko et Bielecki montent au camp 3 mi-février, mais doivent se replier à cause du mauvais temps. Les alpinistes mettent une fois de plus en pratique « l'art d'attendre ». Denis Urubko ne tient plus en place, car pour lui, la fin du mois de février signifie aussi la fin de l'hiver. Contrairement à Wielicki, qui se réfère au calendrier traditionnel, Urubko le puriste considère que l'hiver commence le 1er décembre et se termine au dernier jour du mois de février. Par e-mail, il nous écrit : *« Si vous ouvrez la page Wikipédia de n'importe quelle ville, vous pouvez vérifier quels sont les mois les plus froids de l'année. Les alpinistes qui disent autre chose ne sont animés que par leur ego, leur quête de publicité et de sponsors. »* Alors le sauveteur d'Élisabeth Revol presse l'équipe de ne pas attendre le mois de mars pour entreprendre quelque chose. Adam Bielecki refuse de faire une tentative avec lui, tant la météo est piteuse. Qu'importe. Samedi 24 février, Denis Urubko décide d'y aller seul. Après le petit déjeuner, l'alpiniste prépare discrètement son sac, ouvre son ordinateur pour prévenir un ami russe et sa compagne. Il n'attend pas leurs réponses, éteint la machine et s'en va, sans radio et sans mot dire.

« Ses chances d'arriver au sommet sont d'une sur deux, celles d'arriver à redescendre sont inférieures à 50 % », estime Wielicki, contrarié de ne pas avoir été mis au courant. Surtout, le mauvais temps qui s'annonce l'inquiète au plus haut point. *« Si j'enlève mon bonnet et vous montre mes cheveux, vous pourriez les voir blanchir*[1] *»*, répond-il aux journalistes. Le chef envoie une cordée de soutien sur la montagne : *« C'est notre devoir de l'aider, peu importe ce que nous pensons de lui et ce qu'il a fait. Nous devons être prêts si ça tourne mal ! »* Encore une fois, l'aventure sur le K2 a viré au psychodrame.

Dès sa conquête en 1954, la montagne est le théâtre de l'une des plus grandes controverses de l'histoire de l'alpinisme. Alors que l'Italie célèbre sa victoire sur le deuxième plus haut pic du monde, un homme rumine, seul. Walter Bonatti, jeune grimpeur embarqué dans l'expédition, ne se remettra jamais d'avoir été abandonné par ses coéquipiers Lino Lacedelli et Achille Compagnoni, alors qu'il se trouvait bloqué en pleine nuit, à plus de 8 000 mètres, avec un porteur pakistanais, sous une météo épouvantable. *« Un homicide manqué »*, dira-t-il. Bonatti doit en plus endurer, à son retour en Italie, les viles attaques de ceux qui l'ont sacrifié. Ses partenaires l'accusent en effet d'avoir dilapidé tout l'oxygène prévu pour atteindre le sommet. Il faudra attendre cinquante ans pour que le Club alpin italien tranche enfin en faveur de Walter

---

1. Documentaire sur l'expédition polonaise de 2017-2018 sur le K2 diffusé par la chaîne polonaise TVN 24.

Bonatti. Nombre de grimpeurs considèrent cet épisode comme l'acte fondateur de l'individualisme en Himalaya.

Urubko est intercepté au camp 1 : au talkie-walkie, Wielicki veut lui parler. Il refuse. À 7 200 mètres, la nuit approchant, le Russo-Polonais creuse un trou dans la neige qui lui laisse juste l'espace nécessaire pour tenir allongé. Au petit matin, il se dirige vers la voie des Abruzzes, l'arête sud-est du K2. Physiquement, il se sent bien. *« Je n'avais aucun doute*[1]. » Seulement, comme prévu, le temps se détériore. À 7 600 mètres, 150 mètres sous le camp 4, un pont de neige s'effondre sous ses pieds. Denis tombe de quelques mètres, mais réussit à se tirer de là. Sans corde fixe, impossible de traverser la crevasse. Le vent souffle de plus en plus fort. Denis se trouve maintenant dans le brouillard, avec une visibilité réduite. La situation devient très risquée. Urubko doit renoncer. *« Il n'avait aucune chance d'aller au sommet. C'est un miracle qu'il ne se soit pas tué »*, commente Adam Bielecki lors de notre rencontre.

À plusieurs reprises, le Russo-Polonais perd sa trace au retour. Il retrouve finalement le camp 3, puis descend d'une traite jusqu'au camp de base. Il file sous sa tente pour plier bagage. Krzysztof Wielicki n'a pas à l'exclure de son équipe : Urubko le devance en quittant l'expédition. L'un des journalistes télé présents interroge le leader polonais, visiblement éprouvé. Denis Urubko est-il venu s'expliquer ou s'excuser ? *« Non,*

---

1. « Denis Urubko au K2 », kairn.com, 18 octobre 2018.

répond Wielicki. *Et je doute qu'il le fasse un jour. Je le connais si bien...* »

Avec son embardée solitaire, Urubko n'a rien inventé. L'histoire de l'alpinisme a été marquée, en juillet 1953, par un autre acte de désobéissance. Hermann Buhl[1], en dépit des ordres de repli, s'élance seul en direction du sommet du Nanga Parbat. Épuisé, il y parvient avant la tombée de la nuit, devenant ainsi le premier homme à se tenir en haut de la montagne. Et comme Denis Urubko le rappelle dans ses interviews, le « guerrier des glaces » Krzysztof Wielicki n'a-t-il pas lui-même quitté une expédition en décembre 1988 pour escalader en solo le Lhotse ?

Simone Moro, autre animal hivernal, jure qu'il aurait pu prédire un tel scénario. L'Italien connaît la force brute et entière de Denis Urubko – leur amitié s'est détériorée ces dernières années. « *Denis est un soldat. Si vous grimpez avec lui et que vous oubliez ce fait, vous faites une grosse erreur. C'est un type merveilleux, très fort. Pour qu'il exécute un ordre, il faut qu'il ait l'impression que la décision a été prise conjointement avec lui. Si vous le traitez en pensant qu'il a grandi comme nous dans un pays libre, démocratique, ce sera compliqué.* » Le grimpeur au physique nerveux

1. L'Autrichien (1924-1957) a ainsi été le premier à réussir en solitaire la première ascension d'un 8000. Il est aussi l'un des deux seuls alpinistes (avec Kurt Diemberger) à avoir réalisé deux premières ascensions de 8000, la seconde étant celle du Broad Peak (8 047 mètres) en 1957.

est systématiquement cité par les alpinistes interrogés comme l'homme de la situation pour réussir le K2 en hiver. Denis Urubko aime aller vite : *« Faire courir ses mains le long d'une fissure ou avoir l'impression de voler en redescendant d'un 8000... Cela donne un incroyable sentiment de puissance et de joie, ça nourrit l'ambition et c'est une bonne façon de se surpasser*[1]. » C'est un puriste, qui refuse même d'utiliser des chaufferettes l'hiver. *« Physiquement, il est hors norme*, admire Élisabeth Revol. *Il fait du 300 mètres de dénivelé par heure entre 7 500 et 8 000 mètres d'altitude, alors que tout le monde est à 100-150 mètres par heure, voire en dessous. Il est taillé pour la haute altitude, et mentalement, il ne lâche pas. »*

Risque d'avalanche élevé, acclimatation insuffisante pour une partie de l'équipe, camps d'altitude en mauvais état, tensions, difficultés de leadership : le 5 mars 2018, Krzysztof Wielicki déclare officiellement la fin de l'expédition polonaise sur le K2. Le camp 4 n'a même pas pu être établi. Retour à Varsovie.

« Quand je suis rentré, la Pologne n'était plus le même pays : tout le monde parlait de l'Himalaya, du K2, tout le monde avait suivi ce que les grimpeurs mangeaient au petit déjeuner, se remémore Michal Leksinki. *C'était dingue. »*

Depuis le sauvetage, les conférences d'Adam Bielecki font salle comble. Le 30 mars 2019, nous assistons à l'une d'entre elles dans un cinéma au nord

1. « Denis Urubko, à 8000 à l'heure », art. cit.

de Varsovie. Debout pendant presque deux heures, devant une centaine de personnes, il relate avec enthousiasme son expédition de 2018 au Gasherbrum II. Lukas, 20 ans, est venu lui faire signer sa carte de membre du club d'escalade. Dessus, il y a déjà l'autographe de Krzysztof Wielicki, rencontré dix jours plus tôt. L'étudiant de l'université technique de Varsovie s'est passionné pour l'himalayisme après le sauvetage du Nanga Parbat. Il rêve de vivre de la montagne, un jour. Dans le public, les gens nous parlent d'Élisabeth comme si elle était une cousine. *« J'ai eu droit à un accueil de dingue là-bas quand j'ai assisté à des festivals sur la montagne*, se souvient la Française. *Ce sont des gens passionnés, tout un peuple soutient ses grimpeurs. Ils sont encore en plein dans la culture de l'alpinisme, comme nous l'étions en France de 1950 aux années 1980. »* Avant de prendre notre vol pour Paris, nous traînons dans le magasin de journaux de l'aéroport de Varsovie. Sur les tables, à la place des romans de Guillaume Musso, sont empilés des livres d'alpinisme, dont deux biographies de Tomek Mackiewicz.

***

Février 2019. Dans le Karakoram, un an après le sauvetage d'Élisabeth Revol, l'histoire s'est répétée. Daniele Nardi, grimpeur italien de 42 ans, et Tom Ballard, alpiniste britannique de 29 ans, ont choisi le périlleux éperon Mummery pour arriver à bout du Nanga Parbat en hiver. Les chutes de neige sont très importantes, même pour la saison. Nardi et Ballard progressent laborieusement jusqu'à quelque 6 000 mètres d'altitude et installent le camp 4. Le 24 février, l'Italien appelle sa femme par téléphone satellitaire pour l'informer de leur avancée. Ce sera leur dernier signe de vie.

Au bout de deux jours sans nouvelles, leurs coéquipiers s'affolent au camp de base et déclenchent une opération de secours. Les proches, qui ont organisé une levée de fonds sur Internet, espèrent un sauvetage en hélicoptère. Ce qui se révèle un casse-tête, comme l'année précédente quand Élisabeth Revol et Tomek Mackiewicz erraient sur les flancs du Nanga. Dire que Daniele Nardi faisait partie du petit cercle d'alpinistes qui coordonnaient sur WhatsApp le sauvetage de la Française et du Polonais…

Au même moment, à quelque 200 kilomètres de là, deux expéditions concurrentes convoitent le K2. L'une, menée par Alex Txikon, est arrivée au camp de base le 16 janvier. Txikon alimente presque en continu ses comptes Twitter et Instagram, où il use à l'envi du *hashtag* #winter et de l'emoji « étoile de neige ». L'Espagnol s'est entouré de Polonais – Pawel Dunaj, Waldemar Kowalewski, qu'une pierre a blessé à la clavicule, et Marek Klonowski. Ce dernier profite d'un vol en hélicoptère pour quitter les lieux au bout de treize jours. *« Je n'ai pas aimé l'expédition »*, se justifie-t-il, sans plus de détails. Au départ, les hommes sont pleins d'entrain. Txikon réhabilite l'igloo au camp de base : à l'intérieur des trois édifices de neige, il ne fait jamais moins de – 5 °C et les parois de neige protègent mieux du bruit du vent que la toile. Mais les grimpeurs perdent une dizaine de jours en hésitant entre deux voies, pour finalement opter pour la route normale.

Ils partagent le camp de base avec une autre équipe, des Russes et des Kazakhs, dirigés par Vassily Pivtsov, qui a gravi sans oxygène les quatorze plus hauts sommets. Le budget de la mission, financée par des dons, est tellement ric-rac qu'ils ont porté leurs vêtements sur eux dans l'avion pour économiser les sacs en soute.

Chaque groupe est équipé de *trackers* GPS, qui permettent de suivre en temps réel leur avancée. Très vite, l'ambiance vire à la compétition, et les deux expéditions rivales étalent leurs chicaneries sur les réseaux sociaux. Quand Alex Txikon affirme avoir atteint 6 700 mètres, les Russes démentent immédiatement. Seul l'appel à l'aide venu du Nanga Parbat apporte une pause à la discorde. Les Espagnols filent en hélico vers le sommet pakistanais, en emportant des drones pour survoler la zone où l'on pense que Ballard et Nardi se trouvent. Mais au pied du Nanga, les coulées de neige sont si nombreuses qu'ils ne peuvent s'engager très haut sur la montagne.

Le 9 mars, sur Twitter, l'ambassadeur italien en poste à Islamabad publie une photo de mauvaise qualité prise par Alex Txikon, qui a scruté la paroi avec son télescope depuis le camp 1. Deux silhouettes se détachent sur la neige, au milieu des rochers : un homme en parka orange (Daniele Nardi) est allongé, l'autre, un peu plus bas, en veste bleue (Tom Ballard), semble assis. Ils sont immobiles. Il y a vingt-quatre ans, la mère de Tom Ballard, Alison Hargreaves, célèbre himalayiste, mourait sur le K2. Sa devise : *« Mieux vaut vivre un jour comme un tigre que mille ans comme un mouton. »*

La saison hivernale 2019 sur le K2 s'est terminée sur un fiasco. Aucun grimpeur n'a réussi à se hisser plus haut que 7 500 mètres. Le président de la Fédération polonaise d'alpinisme, Piotr Pustelnik, a ce trait d'humour noir lorsqu'il évoque la prochaine tentative : *« Il faudra s'assurer qu'il n'y ait pas de permis accordés en même temps sur le Nanga Parbat... »*

Le « dernier grand problème » attire comme un aimant. De nombreux candidats se sont déclarés. Ainsi, Vincent Saura, un DJ toulousain de 25 ans, inconnu du monde de la montagne, et un ami, Jonathan Bordes, 40 ans, visent le K2 en hiver par la voie classique. Pour un premier 8000, le pari semble fou. *« Je parle bien d'une tentative*, nous ménage-t-il. *Mais si on a envie d'y aller, qui peut nous en empêcher ? »* L'équipe n'a pas réussi à boucler son budget, mais a pris ses billets. *« Moi, aujourd'hui, je n'ai rien à perdre. Je n'ai pas d'enfants, je ne suis pas marié... »* En vrac, sont également tentés : l'Américain Cory Richards, partant si on le lui propose, Nims Dai, Népalais, ancien membre des forces spéciales britanniques, qui a gravi tous les 8000 en moins de sept mois. Les Polonais en seront, forcément. Krzysztof Wielicki n'en démord pas : *« Le K2 en hiver est pour les Polonais et personne d'autre. »* Denis Urubko a inscrit l'ascension à son agenda : *« Le vainqueur sera celui qui sera le mieux préparé et qui aura le plus de chance. »*

Conclusion

Nous voilà encordées. Au pied de la pointe Helbronner, à 3 400 mètres d'altitude, sous un soleil éclatant, nous avons chaussé pour la première fois les crampons et progressons maintenant au pied du mont Blanc, dans la vallée Blanche, striée de crevasses en ce chaud mois de septembre. *« Le glacier est relativement ouvert*, nous prévient notre guide. *Le risque premier, aujourd'hui, c'est de tomber dans une crevasse. »*

L'une est sereine, rassurée d'être rattachée aux autres par une corde. À quatre pattes sur une échelle de 4 mètres enjambant une large faille, l'autre juge cet environnement bien trop hostile pour elle. Au milieu d'une pente abrupte qu'il faut gravir sur les deux pointes avant des crampons, en plantant le piolet dans la glace, le cri « Sauvez-moi ! » a même été poussé. Le guide lui a donné ce conseil : *« Il faut que tu travailles ton "ici et maintenant". Ici et maintenant, tu es en vie, c'est l'essentiel. »* Les mots du professeur Richalet nous reviennent en tête au cours de cette initiation à la haute montagne : *« Avec un peu de préparation, vous aussi vous pourriez faire l'Everest. »*

Autour de nous s'élèvent les parois mythiques des Alpes sur lesquelles les premières hivernales ont été réussies (Grandes Jorasses, Cervin…). Depuis l'arrivée du téléphérique de l'aiguille du Midi, le guide nous indique le plateau où les jeunes citadins Jean Vincendon et François Henry ont péri au cœur de l'hiver 1956, dans la tempête, pour avoir voulu toucher à ce qui, à leurs yeux, se rapprochait le plus de l'Himalaya.

« Il faut avoir une case en moins pour aller l'hiver sur des 8 000 mètres », a réagi notre guide quand nous lui avons fait part de notre objet d'étude. Il nous a gentiment prévenues qu'il ne lirait pas notre livre : comme tous les professionnels de la montagne, il a assisté à suffisamment d'accidents pour ne pas vouloir se plonger dans ceux des autres.

Il est difficile de faire parler un alpiniste, nous a-t-on averties. Pour toucher aux raisons qui les poussent là-haut, il ne fallait pas adopter la méthode frontale. Demander pourquoi ne mène à rien. Non, pour comprendre, il fallait contourner la voie normale, les observer, interroger ceux qui les côtoient. Si nous leur avons trouvé des traits communs, nous nous sommes rapidement rendues à cette évidence : il n'existe pas une seule réponse à cette question. À travers l'expérience de la haute altitude et des conditions extrêmes pour le corps et l'esprit, ces personnes se sentent vivantes ou vérifient qu'elles le sont. Elles se cherchent, se distinguent, calment leurs angoisses ou leur mal-être, se sentent libres.

Observer ces êtres hors du commun nous a menées à d'interminables et intenses réflexions existentielles – nous les en remercions. Autant que possible, nous avons tenté d'entrer dans leur tête, mais une grande part de leurs ressorts intimes nous échappe, bien sûr. Au cours de nos rencontres, il a fallu dépasser les faux-semblants et le jeu de dupes dans lequel les alpinistes nous ont parfois entraînées, pour regarder, en face, la folie des hommes.

Nous avons tenté de percer le mystère de l'hiver sur les hauts sommets. Mais plus nous nous en approchions, plus il semblait se dérober, comme une construction friable, modulable à souhait par chaque grimpeur qui y projette ce qu'il veut. L'hiver est un prétexte.

Début octobre 2019, nous avons rendez-vous avec Élisabeth Revol à Saoû, petit village de la Drôme. Nous nous installons toutes les trois autour d'une table recouverte d'une nappe blanche, au milieu de la boutique d'antiquités de son mari. Pour *« plus de tranquillité »*, elle ferme la porte à clé. La jeune femme est aujourd'hui capable de parler du Nanga Parbat sans être submergée par l'émotion. *« Je vais beaucoup mieux. »* Elle a repris son entraînement, *« comme avant »*. Quatorze jours plus tôt, Élisabeth Revol était au sommet du Manaslu (8 163 mètres), avec une expédition commerciale.

Après une longue thérapie, Élisabeth Revol admet enfin qu'elle est *« addict »* à la haute altitude.

« En décembre 2017, il fallait absolument que j'aille sur le Nanga Parbat. À partir du moment où l'on ne peut pas dire non à cet appel si intense, c'est qu'il y a une dépendance, nous explique-t-elle. *Quand je suis partie en mai 2019 sur l'Everest, l'appel était le même. »* Pour Tomek et elle, la haute montagne était devenue *« un peu une prison »*. Plus jamais elle ne replongera dans la spirale du risque, de l'engagement total, assure-t-elle aujourd'hui. *« Peut-être que l'aventure extrême, en hivernale, c'est fini pour moi... »* Permettons-nous d'en douter.

Remerciements

Il n'aurait pas été possible d'écrire ce livre sans les longs échanges avec les alpinistes qui ont bien voulu partager leurs souvenirs, leurs analyses et leurs questionnements intimes. Merci à eux.

Nous tenons aussi à remercier les spécialistes et observateurs de la discipline, entre autres, Malgosia Fromenty, Rodolphe Popier de l'Himalayan Database, Xavier Fargeas, Jean-Paul Richalet, Patrick Wagnon, Yan Giezendanner, Eberhard Jurgalski.

Merci également à nos interlocuteurs polonais, Jerzy Porebski, Adam Bielecki, Agnieszka Bielecka, Leszek Cichy, Krzysztof Wielicki, Anna Milewska, Dominik Szczepanski, Anna Antonina Solska-Mackiewicz, Andrzej Paczkowski, Piotr Pustelnik, qui ont fait preuve à notre égard d'une disponibilité et d'une gentillesse rares.

Merci aussi à Jean-Marc Maisonneuve, de la Compagnie des guides de Chamonix, pour sa patience, au Club alpin français ainsi qu'à la Cinémathèque d'images de montagne de Gap, qui nous ont ouvert leurs archives.

Merci à notre éditrice, Isabelle Fortis, de nous avoir fait confiance.

Merci enfin à nos familles, proches et collègues pour leur soutien dans cette longue et trépidante ascension. Une pensée toute particulière pour Axel, Aurélien et Géraud.

Sources documentaires

Livres

Yves Ballu, *Naufrage au Mont-Blanc. L'affaire Vincendon et Henry*, Glénat, Grenoble, 1998.

Anselme Baud, *Au pays des terres hautes*, Kero, Paris, 2018.

Anatoli Boukreev et Gary Weston DeWalt, *The Climb: Tragic Ambitions on Everest*, St. Martin's Griffin, New York, 1997.

Anatoli Boukreev, avec Linda Wylie, *Above the Clouds: The Diaries of a High-Altitude Mountaineer*, St. Martin's Griffin, New York, 2001.

Charlie Buffet, *La Folie du K2*, Guérin, Chamonix, 2004.

Erri De Luca, *Sur la trace de Nives*, Gallimard, Paris, 2006.

Pierre-Henry Frangne, *De l'alpinisme*, Presses universitaires de Rennes, Rennes, 2019.

Roger Frison-Roche et Sylvain Jouty, *Histoire de l'alpinisme*, Arthaud, Paris, 1996.

Alain Ghersen, *Risque et alpinisme*, Glénat, Grenoble, 2016.

Maurice Herzog, *Annapurna, premier 8000*, Arthaud, Paris, 1951.

L'Invention du mont Blanc, ouvrage présenté par Philippe Joutard, Gallimard, Paris, 1986.

Sylvain Jouty et Hubert Odier, *Dictionnaire de la montagne*, Arthaud, Paris, 1999.

Jon Krakauer, *Tragédie à l'Everest*, Presses de la Cité, Paris, 1998 ; 10-18, Paris, 2010.

Jerzy Kukuczka, *De la mine au sommet*, Denoël, Paris, 1990.

Christophe Lachnitt, *Entre la vie et le vide. Les Alpinistes professionnels et la peur*, autoédition, 2011.

Jean-Christophe Lafaille et Benoît Heimermann, *Prisonnier de l'Annapurna*, Guérin, Chamonix, 2003.

David Le Breton, *La Sociologie du risque*, Presses universitaires de France, Paris, 1995.

Christine Le Scanff, *Les Aventuriers de l'extrême*, Calmann-Lévy, Paris, 2000.

Bernadette McDonald, *Libres comme l'air*, Nevicata, Bruxelles, 2014.

Reinhold Messner, *Le Sur-Vivant*, Glénat, Grenoble, 2015.

Simone Moro, *The Call of the Ice*, Mountaineers Books, Seattle, 2014.

Albert Frederick Mummery, *Le Roi du rocher*, Hoëbeke, Paris, 1995.

Jerzy Porebski, *Les Guerriers de l'Everest*, Filigranowa, Lyon, 2013.

Élisabeth Revol, avec la collaboration d'Éliane Patriarca, *Vivre*, Arthaud, Paris, 2019.

Médecine de montagne, ouvrage coordonné par le professeur Jean-Paul Richalet et le docteur Jean-Pierre Herry, Elsevier Masson, Paris, 2017.

Joe Simpson, *Aventures en paroi*, Glénat, Grenoble, 2015.

Dominik Szczepański, *Czapkins. Historia Tomka Mackiewicza*, Agora, Varsovie, 2019.

Jirô Taniguchi et Baku Yumemakura, *Le Sommet des dieux*, 5 tomes, Kana, Paris, 2004-2005.

Lionel Terray, *Les Conquérants de l'inutile*, Gallimard, Paris, 1961.

Paul Yonnet, *La Montagne et la Mort*, Éditions de Fallois, Paris, 2003.

Films

Haris Ansari et Naveed Bari, *Tomasz Mackiewicz (1973-2018)*, 2018.

François Damilano, *K2. Une journée particulière*, 2017.

Jerzy Porebski, *Kukuczka*, 2015.

Christophe Raylat, *Survivre à l'Annapurna*, 2012.

Christophe Rosanvallon, *Retour à l'Annapurna*, 1995.

Id., *Trouvez Lafaille*, 1996.

Table des matières

Cet ouvrage a été composé et mis en page
par Nord Compo à Villeneuve-d'Ascq

Imprimé en France par CPI
en février 2021
N° d'impression : 3041583

Pocket – 92 avenue de France, 75013 PARIS

S31392/01